Cahier de leçons et d'exercices pour l'élève

Nom et prénom :

LE FRANÇAIS EN ACTION !

CM1

Grammaire, conjugaison, orthographe, vocabulaire (lexique)

Ce cahier de leçons et d'exercices d'EDL,
méthode « le français en action ! »
a été conçu et réalisé par
Sandrine BROU, professeur des écoles
et blogueuse @latroussedesobelle

SOMMAIRE GÉNÉRAL

Chapitre 1

GRAMMAIRE

SOMMAIRE

GI LA TRANSFORMATION NÉGATIVE

Je retiens

Toutes les phrases **déclaratives** sont affirmatives ou négatives.
La forme négative indique généralement le contraire de la forme affirmative.

J'aime le chocolat --> Je n'aime pas le chocolat

Des mots de négation entourent le verbe. Ce sont : *ne...pas, ne... jamais, ne... rien, ne... plus, ne... guère, ni...ni*

Je ne crie pas / je n'ai pas crié

On écrit n' devant un verbe commençant par une voyelle :

N'insiste pas !

A l'oral on ne dit pas toujours le *ne* de la négation. On ne doit pas l'oublier à l'écrit.

Je m'exerce

1. Indique si la phrase est affirmative (A) ou négative (N).

a) Cette élève parcourt une longue route tous les matins. _______

b) Son sac n'est pourtant pas léger. _______

c) Pourtant, elle ne se plaint jamais. _______

d) Mais elle n'est guère souriante. _______

e) Peut-être n'a-t-elle pas le choix ? _______

2. Entoure les mots de négation.

a) On n'a pas souvent vu une pareille tempête.

b) Tu n'es jamais en retard. Depuis hier, il n'a guère avancé dans son travail.

c) Le maître n'avait point pensé à cette solution.

d) Les sportifs ne peuvent plus courir à cause de la chaleur.

e) Je n'y vois strictement plus rien du tout.

3. Invente 3 phrases négatives et entoure les négations.

1. ______________________________

2. ______________________________

3. ______________________________

G1 - La transformation négative

4. Ecris ces phrases affirmatives en négatives.

a) Il y a quelqu'un. ______________________________

b) Nous partirons. ______________________________

c) Il fait toujours beau. ______________________________

d) Il en veut encore. ______________________________

e) Je cherche quelque chose. ______________________________

Exercices à faire à l'oral.

J'ai compris

Vrai ou faux ?

1. Les mots de négation encadrent toujours le verbe conjugué.
2. On peut remplacer «ne» par un autre mot de négation.
3. Une phrase affirmative peut exprimer une idée négative.
4. Le «ne» se transforme en «n'» devant une consonne.

Est-ce une phrase négative ?

5. Il est interdit de fumer.
6. Tu dois te préparer sans bruit
7. La cigogne ne réussit pas à prendre son envol.
8. N'êtes-vous plus en vacances ?

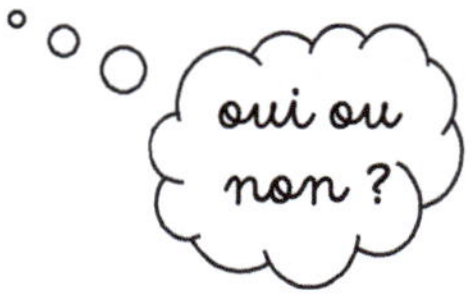

1. vrai 2. faux 3. vrai 4. faux 5. non 6. non 7. oui 8. oui

Je m'évalue

G2 LES TYPES DE PHRASES

Je retiens

Il existe 3 types de phrases :

* **Déclarative** : Elle dit simplement quelque chose et se termine par un point.
Je suis contente. Elle regarde la télé.

* **Interrogative** : Elle pose une question. Elle se termine par un point d'interrogation.

Pour la construire,
- on ajoute « **Est-ce que ?** » : *Est-ce que tu vas bien ?*
- on **inverse le sujet et le verbe** : *Vois-tu la lumière ?*
- on ajoute un **mot interrogatif** : *Qui est là ?*

Les mots interrogatifs sont : *quand, qui, que, comment, pourquoi, combien...*

* **Impérative** : Elle sert à donner un ordre, un conseil, une interdiction. Elle se termine soit par un point, soit par un point d'exclamation.
Viens. Rentre vite !

Je m'exerce

1. Indique Le type de chaque phrase.

a) Je suis contente de t'avoir rencontré. ____________

b) Quel âge as-tu ? ____________

c) Chut ! Ne fais pas de bruit ! ____________

d) Veux-tu du dessert ? ____________

e) Mets ton manteau. ____________

f) Elle ne m'a pas écouté. ____________

2. Ecris 3 phrases impératives.

Un ordre : ____________

Un conseil : ____________

Une interdiction : ____________

3. Pose une question en transformant la phrase déclarative.

Elle écrit une lettre. : Est-ce qu' ____________

Ecrit- ____________

Ils sont concentrés. : Est-ce qu' ____________

Sont- ____________

G2 – Les types de phrases

4. Tu rencontres ta célébrité préférée. Pose-lui 3 questions : une avec « est-ce que » une en inversant le sujet et le verbe et une avec un mot interrogatif.

1. Est-ce que ______________________________

2. Sujet inversé : ______________________________

3. Mot interrogatif : ______________________________

Exercices à faire à l'oral.

J'ai compris

Vrai ou faux ?

1. Une phrase déclarative dit le contraire d'une phrase affirmative.
2. Une phrase interrogative commence toujours par « est-ce que ».
3. Une phrase impérative se termine toujours par un point d'exclamation.

Est-ce correct ?

4. Je te conseille de bien écouter. --> Phrase impérative
5. Je ne veux pas que tu discutes. --> Phrase déclarative
6. Dormez-vous ici ce soir ? --> Phrase interrogative
7. Viens ici ! --> Phrase impérative

1. Faux 2. faux 3. vrai 4. non (déclarative) 5. oui 6. oui 7. oui

Je m'évalue

G3

LA PONCTUATION

Je retiens

La **ponctuation** nous aide à comprendre le sens d'un texte.

Outre le **point**, le point **d'interrogation** (?) et le point **d'exclamation** (!) qui terminent une phrase, il existe d'autres signes tout aussi importants :

La virgule	,	se trouve dans une énumération ou pour encadrer un renseignement supplémentaire. Elle marque une petite pause.
Le point-virgule	;	indique une pause plus longue que la virgule. On ne met pas de majuscule après celle-ci.
Les deux points	:	annoncent une énumération ou les paroles d'un personnage.
Les points de suspension	…	indiquent que tout n'est pas dit.
Les guillemets	« »	encadrent les paroles d'un personnage.
Les tirets	- -	indiquent qu'un personnage prend la parole dans un dialogue. On l'utilise aussi pour faire une liste.

Je m'exerce

1. Ajoute la ponctuation en rouge.

Pour faire un gâteau au chocolat il te faut du chocolat des œufs de la farine du sucre et du beurre Ensuite il doit cuire 20 minutes au four pour qu'il soit bien moelleux

2. Ecris un dialogue.

Tu demandes à ta maman si elle peut t'acheter quelque chose dont tu as très envie. Mais elle ne veut pas. Tu essaies de la convaincre. Imagine une fin.

3. Tu racontes à ton ami la discussion que tu as eue avec ta maman dans l'ex 2.

____

____

____

____

____

Exercices à faire à l'oral.

J'ai compris

Vrai ou faux ?

1. Les signes de ponctuation nous aident à mieux comprendre un texte.
2. On utilise les guillemets ou les tirets pour faire parler des personnages.
3. Les deux points signifient qu'on n'a pas tout dit.
4. Le point virgule indique qu'il faut s'arrêter un peu plus que le point.

Corrige la ponctuation

5. Il m'a dit - je suis bien arrivé
6. Dans ma trousse il y a une gomme un stylo une colle
7. En veux-tu encore me demande-t-elle non merci je lui réponds.

1. Vrai 2. vrai 3. faux 4. faux
5. Il m'a dit : « je suis bien arrivé. »
6. Il manque des virgules après gomme, stylo et des points de suspension après colle.
7. – En veux-tu encore ? Me demande-t-elle.
– non merci, je lui réponds

Je m'évalue

G4 LA FONCTION SUJET

Je retiens

* Pour trouver le sujet d'un verbe, on pose la question « **qui est-ce qui ?** » ou bien on l'encadre par « **c'est ... qui** ».

La fille joue du violon --> Qui est-ce qui joue du violon ?
C'est la fille qui joue du violon.

* Le **sujet** d'un verbe est un **groupe obligatoire** de la phrase, c'est-à-dire qu'on ne peut pas le supprimer.

~~La fille~~ joue du violon --> joue du violon (ça ne veut rien dire)

* Le sujet est généralement placé **devant** le verbe. Mais on peut parfois le trouver **derrière**. On dit qu'il est inversé.

Je joue du violon, répond Alice.

* Le verbe **s'accorde avec le sujet**, c'est lui qui le « commande » :

Les filles jou<u>ent</u> du violon.

* Le sujet peut avoir **plusieurs verbes**. Dans ce cas, tous les verbes s'accordent avec ce sujet.

Les filles jou<u>ent</u> du violon et interprèt<u>ent</u> un joli morceau.

* Il peut y avoir **plusieurs sujets** pour un seul verbe. Dans ce cas, celui-ci se met au pluriel.

Alice, Estelle et Lucie jou<u>ent</u> du violon.

Je m'exerce

1. Entoure le sujet de chaque verbe souligné.

Comme tous les matins, Vincent <u>écrit</u> la date sur le tableau.

Dans la cour, des garçons <u>jouent</u> aux billes.

D'autres élèves <u>courent</u> après un ballon.

La directrice <u>affiche</u> une information pour les parents.

2. Souligne le verbe et entoure son sujet.

Combien de timbres compte ta collection ?

Quel sport souhaiterais-tu pratiquer ?

Pourquoi mangent-ils avec leurs doigts?

Que faisons-nous maintenant ?

Où allez-vous en vacances ?

Que dis-je ?

G4 – La fonction sujet

3. Souligne les sujets de chaque phrase et complète-les au présent.

L'éléphant, la girafe, le lion et le zèbre (vivre) ____________________ en Afrique et (être) ______________ des animaux sauvages.

Les grands félins comme les guépards (espionner) ______________________ , (repérer) ______________________ , et (sauter) __________________ sur leurs proies pour les manger.

Exercices à faire à l'oral.

J'ai compris

Vrai ou faux ?

1. Dans une phrase on peut supprimer le sujet.
2. Le sujet peut se trouver devant ou derrière le verbe.
3. C'est le verbe qui commande le sujet.
4. Un seul verbe peut avoir plusieurs sujets

Le groupe de mots souligné est-il le sujet ?

5. Dans le ciel, volent des hirondelles.
6. Ne prends pas mon fromage ! crie le corbeau.
7. Les animaux sauvages, en Afrique, sont vraiment impressionnants.
8. Les fleurs qui ornent mon jardin sont superbes.

1. Faux 2. vrai 3. faux 4. vrai 5. non 6. oui 7. non 8. oui

Je m'évalue

G5 LA NATURE DU SUJET

Je retiens

* Le sujet peut avoir plusieurs **natures** :

- Un groupe nominal (déterminant + nom) : La fille joue du violon.
- Un pronom personnel : Elle joue du violon.
- Un nom propre : Alice joue du violon.
- Un verbe à l'infinitif : Courir est bon pour la santé.

* Les **pronoms personnels sujets** sont :

je, tu, il, elle, on, nous, vous, ils, elles

nous signifie : quelqu'un + moi
vous signifie : quelqu'un + toi / le vouvoiement de politesse

il, elle, ils, elles remplacent des groupes nominaux ou des noms propres :

La fille joue du violon --> Elle joue du violon

Je m'exerce

1. Complète le tableau suivant.

a) Louis IX devint roi à l'âge de neuf ans.
b) Sa mère exerça la régence.
c) Le jeune roi était très pieux.
d) Il assistait à plusieurs messes par jour.
e) On le surnomma Saint-Louis.
f) Cet homme vécut au 13ème siècle.

Verbe souligné	Son sujet	Nature du sujet

2. Remplace les sujets soulignés par des pronoms personnels.

Dans la cour, toi et moi (________) jouons aux billes.

Le trapéziste (________) s'élance et son partenaire (________) le rattrape.

Ce matin, l'alarme (________) a retenti et l'école (________) a été évacuée.

Chaque hiver, des skieurs (________) se fracturent une jambe.

Mon frère et toi (________) aimez le foot.

Exercices à faire à l'oral.

J'ai compris

Vrai ou faux ?

1. Le sujet est obligatoirement un groupe nominal.
2. Le sujet peut-être un verbe conjugué.
3. Les pronoms personnels peuvent remplacer des noms propres.
4. Nous veut dire « moi + quelqu'un d'autre ».

Par quel pronom personnel peut-on remplacer le sujet souligné ?

5. Les rossignols chantent très bien !
6. Les copains et moi irons au cinéma demain.
7. Ma sœur est allée au concert de son chanteur préféré.
8. Toi et Loïc venez à mon anniversaire.

1. faux 2. faux 3. vrai 4. vrai 5. ils 6. nous 7. elle 8. vous

Je m'évalue

G6 LES DÉTERMINANTS

Je retiens

Un nom est toujours accompagné d'un petit mot, le déterminant.

Ces déterminants peuvent être :

un article, un déterminant possessif, démonstratif, indéfini ou numéral.

Articles		
définis	indéfinis	contracté
le, la, l', les	un, une, des	du (de le), au (à le)

Autres déterminants				
	possessifs	démonstratifs	indéfinis	numéraux
Sing.	mon, ton, son, ma, ta, sa, notre, votre, leur	ce, cet*, cette	chaque	un, une
Plur.	mes, tes, ses nos, vos, leurs	ces	quelques plusieurs	deux, trois cinquante

* Le déterminant « *cet* » s'emploie devant un nom masculin commençant par une voyelle ou un h muet.

Je m'exerce

1. Entoure tous les déterminants (20) de ce texte indique sous chacun, si c'est : un article défini (AD), indéfini (AI), contracté (AC), un déterminant possessif (DP), démonstratif (DD), ou numéral (DN).

Autrefois, un roi et une reine avaient un fils intelligent et vigoureux. Un jour, que le prince jouait au ballon avec son père, une vieille femme vint à passer avec une cruche d'eau sur sa tête.

Le ballon lancé par ce jeune homme heurta cette cruche et la cassa. Notre prince s'avança pour s'excuser mais la vieille femme très en colère lui dit :

« Prince, tu as cassé ma cruche, pour ta punition, tu ne seras heureux que lorsque tu auras trouvé l'Amour des trois oranges ».

2. Complète avec le bon déterminant.

Les chaussures de mon frère --> Ce sont ______________ chaussures

Les chiens que je vois là-bas --> Ce sont ______________ chiens

L'écureuil qui est sur l'arbre --> C'est ______________ écureuil

La poupée de ma sœur --> C'est ______________ poupée

Les gants de mes amis --> Ce sont ______________ gants

Les jouets de mon frère et moi -- > Ce sont ______________ jouets

Exercices à faire à l'oral.

J'ai compris

Vrai ou faux ?

1. On peut trouver un déterminant devant un verbe.
2. « cet » se trouve devant un nom féminin commençant par une voyelle.
3. Les déterminants numéraux sont des nombres.
4. Les déterminants possessifs expriment une appartenance.

Est-ce correct ?

5. J'adore son sac à dos ! --> Déterminant démonstratif
6. Cette tour est immense ! --> Déterminant démonstratif
7. J'ai trois frères. --> Déterminant possessif
8. Chaque soir, je lis un peu --> Déterminant indéfini.

1. faux 2. faux 3. vrai 4. vrai 5. non (possessif) 6. oui 7. non (numéral) 8. oui

Je m'évalue

G7 LES COMPLÉMENTS D'OBJET

Je retiens

Il existe 2 sortes de **compléments d'objet :**

1

LE COMPLÉMENT D'OBJET DIRECT (COD).

Il est directement relié au verbe et répond à la question : qui ? quoi ?

Elle aime les pâtes.
quoi ? COD

Le complément d'objet est un groupe **essentiel**, c'est-à-dire qu'on ne peut pas le supprimer.

2

LE COMPLÉMENT D'OBJET INDIRECT (COI)

Il est relié au verbe par une préposition :
à, au, de, sur, sans, avec…
Il répond à la question :
de qui ? de quoi ?
à qui ? à quoi ?

Je pense à mes amis.
à qui ? COI

Tu rêves de ton voyage.
de quoi ? COI

Je m'exerce

1. Indique si les groupes soulignés sont COD ou COI.

Dans le musée, les visiteurs regardent les tableaux. (_________)

Tous les soirs, on se lave les dents. (_________)

Les lionnes s'adressent à leurs petits. (_________)

Dans le jardin, le chien enterre un os. (_________)

Mon frère pense à Sophie. (_________)

2. Surligne le verbe et souligne les COD dans chaque phrase

Les pêcheurs attrapent des poissons.

Mon frère aîné repeint son scooter.

Mes enfants collectionnent les timbres.

Mon chat a attrapé un gros rat.

Le jardinier coupe les arbustes.

Nous observons le vol des oiseaux.

Je choisis cette place près de la fenêtre.

Nous regardons un beau film.

G7 – Les compléments d'objet

3. Surligne le verbe, souligne le COI et entoure la préposition qui l'introduit.

* Le président s'adressa à la foule.
* Ne touche pas à l'ordinateur !
* Je me souviens de ce film.
* Léon parle du maître-nageur.
* Ma petite sœur ressemble à ma mère.
* Le matelot rêve de son retour.
* Nous penserons à vous.

Exercices à faire à l'oral.

J'ai compris

Vrai ou faux ?

1. Le COD est directement relié au verbe.
2. Le COI est supprimable.
3. Le COI est construit avec une préposition.

Est-ce correct ?

4. Ce matin, j'ai reçu <u>une lettre</u> : COD
5. Il a pris un DVD <u>à son copain.</u> COD
6. Le boulanger vend <u>de bonnes chouquettes.</u> COI
7. Je donne <u>du concombre</u> à mon lapin. COI

1. Vrai 2. faux 3. vrai 4. oui 5. non 6. non 7. non

Je m'évalue

G8

LES COMPLÉMENTS CIRCONSTANCIELS

Je retiens

* Les compléments circonstanciels donnent des précisions sur les circonstances de l'action :

le temps (CCT), le lieu (CCL), la manière (CCM) ou la cause (CCC)

* Pour les distinguer, on peut poser des questions :

Quand ? Pour le temps	Où ? Pour le lieu	Comment ? Pour la manière	Pourquoi ? Pour la cause
Il part (quand ?) demain	Il mange (où) au restaurant	Je joue (comment ?) tranquillement	L'avion ne décolle (pourquoi ?) à cause de la pluie.

* Les CC ne sont pas obligatoires :
* Ils peuvent être supprimés : ~~Sur un arbre~~, l'oiseau se pose. -> L'oiseau se pose.

ou déplacés : Sur un arbre, l'oiseau se pose. -> L'oiseau se pose sur un arbre.

Je m'exerce

1. Indique si les compléments circonstanciels soulignés sont des CCT, CCL ou CCM.

Après l'orage, (__________) le torrent devint menaçant.

Sous la pression des eaux (__________) , le barrage céda brusquement. (__________)

Dessous (__________) , la petite rivière qui serpentait paresseusement (__________)

dans la vallée (__________) , se mit à grossir incroyablement. (__________)

Rapidement (__________) , elle sortit de son lit, pour inonder les villages alentours.

(__________) . Dans les maisons, (__________) c'était la panique totale.

Tout le monde essayait de monter le plus haut possible. (__________)

Le lendemain (__________) , l'eau redescendit mais le spectacle était catastrophique.

Le nettoyage de chaque maison commença doucement. (__________)

2. Invente 4 phrases. Une avec CCT, une avec CCL et une avec un CCC. Souligne-les.

1) CCT : ______________________________

2) CCL : ______________________________

3) CCC : ______________________________

3. Complète le tableau avec les mots suivants.

en quelques minutes – au sommet – à cause de lui - avec soin – ce soir – sans effort – dans la forêt – soudain – chaque jour – en montagne – parce qu'il dort -

CCL	....	....	....
CCT	....	....	....
CCM	....	....	....
CCC	....	....	

4. Souligne le CC et recopie la phrase en le supprimant puis en le déplaçant.

Ma sœur prend souvent des photos de son chat.

* ____

* ____

Exercices à faire à l'oral.

J'ai compris

Vrai ou faux ?

1. Pour trouver les CC de lieu, on peut poser la question « quand ? »
2. Les CC peuvent être déplacés mais pas supprimés dans la phrase.
3. Lorsqu'une phrase n'a pas de CC, elle n'a pas de sens.

Est-ce correct ?

4. <u>Demain</u> nous n'irons à la piscine <u>à cause de l'orage</u>. : CCT et CCC
5. <u>Au moyen-âge</u>, Les paysans vivaient <u>misérablement</u> : CCL et CCM
6. <u>Dans les déserts</u>, les hommes dorment <u>près des oasis</u>. : CCT et CCM

1. vrai 2. faux 3. faux 4. oui 5. non (CCT au lieu de CCL) 6. non (CCL et CCL)

Je m'évalue

G9 LES EXPANSIONS DU NOM

Je retiens

Les expansions sont des mots qui apportent des **précisions** sur le nom qu'elles complètent.

Ces mots ne sont **pas obligatoires**, on peut donc les supprimer.
Il en existe de plusieurs natures et fonctions. En voici 2 :

1

Nature : **L'adjectif**

Fonction : **épithète**

On dit qu'un adjectif est épithète lorsqu'il **complète le nom**, qu'il soit avant ou après celui-ci. Il peut y avoir plusieurs adjectifs pour un seul nom.

Le coq furieux poursuit la poule.
Adjectif
Epithète

2

Nature :
- un Nom Commun prépositionnel (NCP)
- un **Groupe Nominal Prépositionnel** (GNP)
- **un infinitif**

Fonction : **Complément Du Nom** (CDN)

Le GNP contient un déterminant, un nom et une **préposition** (à, au, de, sur, sans, avec...)

le coq de la basse cour
groupe nominal
Préposition

un bateau à voile
nom commun
Préposition

une corde à sauter
infinitif
Préposition

Je m'exerce

1. Entoure les adjectifs épithètes qui complètent les noms soulignés.

La jolie petite fille entre dans le grand château magnifique. Elle regarde partout. Elle est éblouie par toutes ces superbes lumières, par cet immense escalier et toutes ces belles richesses. Elle se demande s'il y a un prince charmant qui vit ici...

2. Souligne le GNP CDN de chaque nom souligné et entoure la préposition qui l'introduit.

En Guyane, on cultive la canne à sucre.

J'aime bien les maisons en pierre.

A la sortie du village, il y a un salon de coiffure.

As-tu un crayon à papier ?

Mets bien ton écharpe en laine pour sortir !

3. Complète ces GN d'abord par un GNP CDN puis par un AE.

une corde _____ __________________ des cordes __________________

un bateau _____ __________________ un bateau __________________

un manteau _____ __________________ des manteaux __________________

un chemin _____ __________________ une route __________________

une canette _____ __________________ une canette __________________

Exercices à faire à l'oral.

J'ai compris

Vrai ou faux ?

1. L'adjectif épithète complète un verbe.
2. Le GNP complément du nom complète un nom.
3. Le GNP complément du nom se construit avec une préposition.
4. Un GN minimum ne se compose que d'un nom.

Est-ce exact ?

5. Va chercher mes lunettes <u>noires</u> ! -> épithète
6. Ces chaussures sont <u>neuves</u>. -> épithète
7. Il ne faut pas manger <u>de sucreries</u>. -> CDN
8. Ce gâteau <u>au chocolat</u> est appétissant ! -> CDN

1. Faux 2. vrai 3. vrai 4. faux
5. oui 6. non 7. non 8. oui

Je m'évalue

GIO

L'ATTRIBUT DU SUJET

Je retiens

* L'attribut du sujet complète un **verbe d'état** :

être, (ap)paraître, sembler, (re)devenir, demeurer, rester, avoir l'air, passer pour, s'appeler…

… et il apporte des informations sur le sujet :

Il semble gentil (verbe d'état : semble ; attribut du sujet : gentil)

* Même s'il répond à la question « quoi ? qui ? », **il ne faut pas le confondre avec le COD :**

J'écoute un musicien remarquable : COD

Il est un musicien remarquable : attribut du sujet (verbe d'état : est)

* L'attribut du sujet peut être de **différentes natures** :
  - un **adjectif** : *Ma copine est drôle.*
  - un **groupe nominal** : *Thibault deviendra un astronome.*
  - un **nom commun** : *Mon voisin est médecin.*
  - un **nom propre** : *Elle s'appelle Alice.*

Je m'exerce

1. Entoure les verbes d'état. Souligne les attributs du sujet.
Indique si ce sont des adjectifs (ADJ) ou des groupes nominaux (GN).

Ce lion paraissait impressionnant. * Emma est l'amie de ma fille. * Les tigres demeurent des bêtes protégées. * Dans le pré, mon chien semblait heureux. * Ce gâteau a l'air délicieux. * Les filles restent surprises. * Que cet élève est bavard ! * La boxe passe pour un sport violent.

2. Indique si les verbes soulignés sont d'état (écris oui ou non), puis entoure les attributs du sujet.

Tu es (_______) satisfait. * Cette valise paraît (_______) lourde, mais elle est (_______) vide. * Je prépare (_______) des lasagnes. * Nous aimons (_______) les crêpes. * Elle demeure (_______) à Paris. * Tu as l'air (_______) fatigué mais tu n'es (_______) pas malade. * Ils restent (_______) bien trop longtemps devant leurs ordinateurs.

3. Ecris 5 phrases dans lesquelles il y a un attribut du sujet. Utilise les verbes d'état suivants pour chacune au temps que tu veux. Souligne l'attribut du sujet.

1. Être : ______________________________

2. Sembler : ______________________________

3. Rester : ______________________________

4. Avoir l'air : ______________________________

5. Passer pour : ______________________________

Exercices à faire à l'oral.

J'ai compris

Vrai ou faux ?

1. L'attribut du sujet apporte une information sur le sujet.
2. L'AS est relié au sujet par un verbe d'action.
3. L'AS est toujours un adjectif qualificatif.

Le groupe souligné est-il un attribut du sujet ?

4. Les voyageurs restent en gare.
5. Il a l'air aimable.
6. Es-tu le nouvel élève ?
7. Mon lapin mange une grosse feuille de chou

1. vrai 2. faux 3. faux 4. non 5. oui 6. oui 7. non

Je m'évalue

Chapitre 2

CONJUGAISON

SOMMAIRE

CI LE VERBE

Je retiens

Le verbe est formé de deux parties :
le **radical** indique le sens et la **terminaison** change lorsque l'on conjugue le verbe :

chant(er) tu chant(eras) nous chant(ons)

La terminaison change selon le temps (imparfait, présent, futur) et la personne sujet (je, tu , il...) :

Ils jouent dans le pré (présent, 3è p. p.)
tu joueras dans le pré (futur, 2è p.s.)

L'infinitif est la forme **non conjuguée** du verbe, celle que l'on trouve dans le dictionnaire.

La terminaison de l'infinitif permet de classer les verbes en **3 groupes**.

1er groupe	2ème groupe	3ème groupe
infinitif en -er	infinitif en -ir (nous -issons)	infinitif en -ir, -re, -oir + le verbe aller

Je m'exerce

1. Entoure les verbes conjugués puis écris leur infinitif.

	Infinitif
Elles marchent d'un pas rapide.	
Les habitants vont au marché.	
Ils achètent des légumes.	
Les élèves lisent la consigne puis font les exercices.	
Certains scientifiques redoutent la montée des eaux.	
Les ouvriers finissent les travaux.	

2. Souligne le radical et entoure la terminaison dans chaque verbe.

Tu dormiras – ils sautèrent – Je chantais – nous dansons – vous mangerez – elle jouait – nous attrapions – tu appelas – elles ouvriront – je rentre

3. Indique le groupe des verbes suivants.

pousser	
dire	
rougir	
goûter	

obéir	
être	
faire	
partir	

voler	
venir	
salir	
aller	

Exercices à faire à l'oral.

J'ai compris

Vrai ou faux ?

1. Pour repérer le verbe conjugué, on peut changer le temps/la personne.
2. L'infinitif est la forme non conjuguée du verbe.
3. On classe les verbes en deux groupes.
4. La partie du verbe qui donne le sens s'appelle la terminaison

Est-ce correct ?

5. La maîtresse <u>corrigeait</u> ses cahiers. --> 1er groupe
6. Le coiffeur lui <u>frise</u> les cheveux. --> 3ème groupe
7. Vous <u>resterez</u> en ligne derrière le guide. --> 1er groupe
8. Les coureurs <u>remplissent</u> leurs bouteilles d'eau. --> 2ème groupe

1. vrai 2. vrai 3. faux 4. faux 5. oui 6. non 7. oui 8. oui

Je m'évalue

C2 LE PRÉSENT (1)

Je retiens

Les verbes au présent de l'indicatif ne se conjuguent pas tous de la même manière. En effet, selon son **groupe, la terminaison change.**

⚠ A la 1ère pers. du pluriel (nous) :

* les verbes en **-ger** ont un -e avant la terminaison (*nous mangeons*)
* les verbes en **-cer** ont une cédille (*nous lançons*).

	1er groupe Verbe en -er	2ème groupe Verbe en -ir	Verbes - Auxiliaires	
	penser	finir	être	avoir
je - j'	pens**e**	fin**is**	suis	ai
Tu	pens**es**	fin**is**	es	as
il, elle, on	pens**e**	fin**it**	est	a
nous	pens**ons**	fin**issons**	sommes	avons
vous	pens**ez**	fin**issez**	êtes	avez
ils, elles	pens**ent**	fin**issent**	sont	ont

Je m'exerce

1. Complète les phrases comme tu veux en mettant les verbes au présent.

Nous (réfléchir) ______________________________

Ma mère (penser) ______________________________

Mon-Ma meilleur(e) ami(e) (saisir) ______________________________

Les filles (aimer) ______________________________

Mes copains-copines (nourrir) ______________________________

2. Ecris les verbes entre parenthèses au présent.

Vous (être) ____________ heureux de voir votre grand-père. * J'(avoir) ________ de nouveaux amis. * Je (être) ________ à l'aéroport. * Tu (avoir) ________ des chaussures bleues. * Nous (avoir) ________________ le temps. * Ils (être) ____________ bien à la montagne. * Elle (avoir) __________ une jolie montre. * Elles (avoir) __________ beaucoup de devoirs. * Tu (être) _________ là dans 10 minutes. * Elle (être) ___________ épuisée.

3. Entoure les verbes au présent et écris leur infinitif.

Mon adversaire a un beau kimono. (inf : ______________________________)

Tu es un bon judoka. (inf : ______________________________)

Pourtant tu as peur de perdre. (inf : ______________________________)

Tout le monde est prêt. (inf : ______________________________)

Je suis certain de ta victoire. (inf : ______________________________)

Nous sommes là pour t'encourager. (inf : ______________________________)

Exercices à faire à l'oral.

J'ai compris

Vrai ou faux ?

1. Les verbes du 1er et 2ème groupes se conjuguent de la même façon .
2. Etre et avoir ne sont que des auxiliaires .
3. La terminaison des verbes à la 3ème p.p. est toujours nt
4. La terminaison des verbes en -ir est la même à la 1ère et 2ème p.s .

Est-ce correct ?

5. Je <u>réfléchis</u> à la solution.
6. Nous <u>mangons</u> au restaurant.
7. Nous <u>commencons</u> la séance de sport.
8. Ils <u>rougissent</u> de timidité.

1. faux 2. faux 3. vrai 4. vrai 5. oui 6. non 7. non 8. oui

Je m'évalue

C3

LE PRÉSENT (2)

Je retiens

Les verbes du 3ème groupe sont irréguliers et ne se conjuguent pas de la même façon.

Le verbe aller fait partie du 3ème groupe et se conjugue ainsi :

Je vais, tu vas, il va, nous allons, vous allez, ils vont

	dire	faire	mettre	pouvoir	prendre
Je	dis	fais	mets	peux	prends
Tu	dis	fais	mets	peux	prends
Il, elle, on	dit	fait	met	peut	prend
Nous	disons	faisons	mettons	pouvons	prenons
Vous	dites	faites	mettez	pouvez	prenez
Ils, elles	disent	font	mettent	peuvent	prennent

	savoir	venir	voir	sentir	peindre
Je	sais	viens	vois	sens	peins
Tu	sais	viens	vois	sens	peins
Il, elle, on	sait	vient	voit	sent	peint
Nous	savons	venons	voyons	sentons	peignons
Vous	savez	venez	voyez	sentez	peignez
Ils, elles	savent	viennent	voient	sentent	peignent

Je m'exerce

1. Conjugue le verbe aller au présent.

Nadège et Denis ____________ au collège en bus. * Lucie et moi, nous ____________ à la piscine avec maman. * _____ - tu faire des courses ? Vous ____________ sûrement au château de Versailles avec votre maîtresse. * Je _________ en Italie.

2. Conjugue les verbes entre parenthèses au présent.

Vous (dire) ______________________ souvent des bêtises.

Nous (faire) ______________________ des crêpes en février.

Je (venir) ______________________ de comprendre ta blague !

Les filles (pouvoir) ______________________ porter des robes de princesse.

Tu (prendre) ______________________ du Nutella au petit-déjeuner.

Les garçons (mettre) ______________________ des déguisements de super-héros pour carnaval.

3. Souligne les verbes conjugués et indique leur infinitif.

Vous faites souvent des pâtes. Inf : ______________________

Ils voient des oiseaux dans le ciel. Inf : ______________________

Ils prennent leur temps. Inf : ______________________

Je mets mes gants. Inf : ______________________

Est-ce que je peux venir ? Inf : ______________________

Exercices à faire à l'oral.

J'ai compris

Est-ce correct ?

1. Je sait bien nager.
2. Nous vennons ce soir.
3. Ils prennent le train.
4. Nous fesons la cuisine.
5. Je peux t'aider.
6. Vous ne voyez rien.
7. Nous métons la table.
8. Tu va au cinéma

1. non (sais) 2. non (venons) 3. oui 4. non (faisons) 5. oui 6. oui 7. non (mettons) 8. non (vas)

Je m'évalue

C4

L'IMPÉRATIF

Je retiens

C'est le temps utilisé dans la phrase impérative qui donne un ordre, un conseil, une interdiction. Dans cette phrase, il n'y a pas de sujet.

On conjugue à 3 personnes :

1) La 2ème personne du singulier :
(la personne à qui l'on s'adresse) : prends ton manteau

2) La 1ère personne du pluriel :
(la personne à qui l'on s'adresse et soi-même) : prenons nos manteaux

3) La 2ème personne du pluriel :
(les personnes à qui l'on s'adresse) : prenez vos manteaux

Les terminaisons du présent de l'impératif sont :

* Pour les verbes du 1er groupe : -e, -ons, -ez
* Pour les autres verbes : -s, -ons, -ez (sauf être, avoir, aller, ouvrir)

jouer	finir	cueillir	aller	être	avoir
joue	finis	cueille	va	sois	aie
jouons	finissons	cueillons	allons	soyons	ayons
jouez	finissez	cueillez	allez	soyez	ayez

Je m'exerce

1. Les verbes suivants sont-ils à l'impératif ? Ecris oui ou non.

Comptez vingt jetons. ____________ * Prenons plutôt ce passage. ____________ *

Vous continuez pendant 10 minutes ____________ * Ne venez pas ce soir ! ____________ *

Nous jouons aux cartes. ____________ *

2. Conjugue les verbes à l'impératif aux 3 personnes.

ex : laver --> lave, lavons, lavez

chanter --> ______________________________

obéir --> ______________________________

ouvrir --> ______________________________

prendre --> ______________________________

faire --> ______________________________

C4 – L'impératif

3. Explique à ton ami(e) comment faire un chocolat chaud en 5 étapes.

Utilise les verbes suivants à l'impératif : prendre, verser, faire, mettre, boire.

1. ____________________
2. ____________________
3. ____________________
4. ____________________
5. ____________________

Exercices à faire à l'oral.

J'ai compris

Vrai ou faux

1. Au présent de l'impératif, il n'y a que deux personnes.
2. La terminaison de la 1ère personne du pluriel est -ons
3. Le verbe est toujours accompagné du pronom personnel sujet.

Est-ce correct ?

4. <u>Recopie</u> cette phrase.
5. <u>Cherches</u> la réponse avec ton camarade.
6. <u>Mangez</u> plus de fruits.
7. <u>Ouvres</u> la porte à ta sœur.

1. faux 2. vrai 3. faux 4. oui 5. non (cherche) 6. oui 7. non (ouvre)

Je m'évalue

C5 LE FUTUR

Je retiens

Le futur des verbes se construit en ajoutant les terminaisons suivantes au radical :

⇨ -erai, -eras, -era, -erons, -erez, -eront — pour les verbes en **-er**

⇨ -irai, -iras, -ira, -irons, -irez, -iront — pour les verbes en **-ir** (sauf tenir, courir, cueillir, fuir)

⇨ -rai, -ras, -ra, -rons, -rez, -ront — pour les **autres verbes**

Attention : Ne pas oublier le (e) dans les verbes finissant par -ier (crier) car il ne s'entend pas : Je crierai

Les verbes être, avoir, aller et faire sont irréguliers, il faut les apprendre par cœur.

	être	avoir	aller	faire	chanter	finir
je	serai	aurai	irai	ferai	chant**erai**	fin**irai**
Tu	seras	auras	iras	feras	chant**eras**	fin**iras**
il, elle, on	sera	aura	ira	fera	chant**era**	fin**ira**
nous	serons	aurons	irons	ferons	chant**erons**	fin**irons**
vous	serez	aurez	irez	ferez	chant**erez**	fin**irez**
ils, elles	seront	auront	iront	feront	chant**eront**	fin**iront**

Je m'exerce

1. Entoure les verbes qui sont au futur.

nous parlions – ils parleront – nous bondissons – nous aurons – ils agiront – nous avons – vous serez – tu auras – vous franchissez – il changeait.

2. Conjugue au futur les verbes entre parenthèses.

Nous (observer) ______________________ la ruche.

Les abeilles (fabriquer) ______________________ le miel.

Je (réussir) ______________________ à m'approcher.

Elles (butiner) ______________________ dans le jardin.

Vous (avoir) ______________________ une bonne récolte.

Tu (être) ______________________ satisfait.

3. Ecris ces verbes au futur .

Tu (crier) ____________________ Je (copier) ____________________

Vous (jouer) ____________________ Elles (tuer) ____________________

4. Raconte… comment sera l'école dans 100 ans ?

____

____

____

____

Exercices à faire à l'oral.

J'ai compris

Vrai ou faux

1. Les terminaisons au futur sont les mêmes pour tous les verbes.
2. Les verbes être et avoir ne se construisent pas sur le modèle des verbes du 1er et 2ème groupe.

Est-ce correct ?

3. Tu mangeas des frites.
4. Nous nirons les faits.
5. Pour Noël, j'aurais une poupée rose.
6. Elles danseront ensemble.

1. Vrai 2. faux (à l'infinitif) 3. vrai 4. non (mangeras) 5. non (nierons)
6. non (j'aurai) 7. oui

Je m'évalue

C6

L'IMPARFAIT (1)

Je retiens

* L'imparfait de l'indicatif est un temps du passé.
Il sert à exprimer des actions qui ont duré dans le temps ou des actions qui se sont répétées, des actions longues. Il sert aussi à décrire quelque chose ou quelqu'un.

* Les terminaisons de l'imparfait sont toujours les mêmes pour tous les verbes des 3 groupes : ais, ais, ait, ions, iez, aient

	être	avoir	chanter	finir	prendre
Je, j'	étais	avais	chantais	finissais	prenais
Tu	étais	avais	chantais	finissais	prenais
Il, elle, on	était	avait	chantait	finissait	prenait
Nous	étions	avions	chantions	finissions	prenions
Vous	étiez	aviez	chantiez	finissiez	preniez
Ils, elles	étaient	avaient	chantaient	finissaient	prenaient

*CLes verbes en -cer prennent une cédille
tu avançais

* Les verbes en -ger prennent un « e » :
il nageait

Le verbe faire s'écrit faisais mais se prononce « fesais»

Je m'exerce

1. Ecris les verbes à l'imparfait.

Cette voiture (consommer) ____________________ beaucoup d'essence.

Beaucoup de touristes (visiter) ____________________ la Tour Eiffel.

Chaque jour, le boulanger (vendre) __________________ du pain.

Tous les matins, vous (entendre) ____________________ le train de 8 heures.

Les enfants (construire) ____________________ une cabane dans le jardin.

2. Ecris un pronom personnel. N'utilise pas deux fois le même.

____ écrivais - ______ lisions - _____ allais - _____ allaient - _____ franchissait -
______ veniez - _____ offraient - _____ faisait.

3. Ecris ces verbes à l'imparfait.

Tu les (écouter) ______________________________

Elles le (retenir) ______________________________

Nous l'(apprendre) ______________________________

Vous le lui (apporter) ______________________________

On les leur (donner) ______________________________

Il la lui (expliquer) ______________________________

Exercices à faire à l'oral.

J'ai compris

Vrai ou faux

1. A l'imparfait, les terminaisons sont les mêmes pour tous les groupes.
2. L'imparfait sert à exprimer une action qui a duré.
3. C'est un temps du futur.
4. Les 2 premières personnes du singulier ne se conjuguent pas pareil.

Les verbes sont-ils correctement écris à l'imparfait ?

5. Je n'écoutais plus.
6. Nous attendions la vérité.
7. Vous émerveillez ces enfants
8. Ils plongaient de très haut.

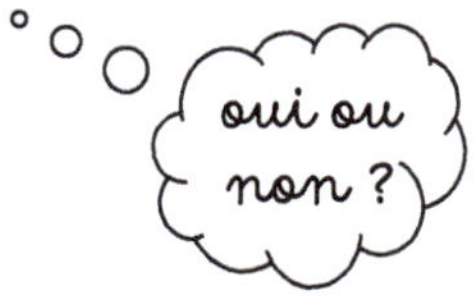

1. vrai 2. vrai 3. faux 4. faux 5. oui 6. oui 7. non 8. non

Je m'évalue

C7

L'IMPARFAIT (2)

Je retiens

Les verbes en -ier, -yer, -iller : aux 2 personnes du pluriel, il ne faut pas oublier le « i » qui ne s'entend pas :

	verbe en -yer balayer	verbe en -ier crier	verbe en -gner gagner	verbe en -iller tailler
nous	balayions	criions	gagnions	taillions
vous	balayiez	criiez	gagniez	tailliez

Certains verbes sont irréguliers :

	voir	craindre peindre	fuir	résoudre
je	voyais	craignais peignais	fuyais	résolvais
nous	voyions	craignions peignions	fuyions	résolvions

Je m'exerce

1. Ecris les verbes à l'imparfait.

Nous (étudier) ________________________ Vous (envoyer) ________________________

Vous (peindre) ________________________ Nous (bailler) ________________________

Vous (plier) ________________________ Nous (copier) ________________________

Nous (appuyer) ________________________ Vous vous (baigner) ________________________

Nous (voir) ________________________ Vous (fuir) ________________________

2. Présent (pst) ou imparfait (imp) ?

Nous expédions un colis (________) * Vous saigniez du nez (________) *

Vous essuyiez (________) la vaisselle * Nous cueillions (________) des fruits *

Vous voyez (________) bien avec ces lunettes * Vous riiez (________) aux éclats. *

Nous payions (________) en espèces. * Nous travaillons (________) beaucoup.

C7 – L'imparfait (2)

3. Entoure les verbes à l'imparfait et écris leur infinitif.

Nous écoutions vos conseils. inf : ____________________

Vous vous méfiiez de lui. inf : ____________________

Vous voyagiez en avion. inf : ____________________

Nous essayions de comprendre. inf : ____________________

Nous appréciions votre gentillesse. inf : ____________________

Vous feuilletiez le journal. inf : ____________________

Exercices à faire à l'oral.

J'ai compris

Les verbes sont-ils bien conjugués à l'imparfait ?

1. Mon chien ne crainiait personne.
2. Vous fuyez rapidement.
3. Nous criions très fort.
4. Tu résolvais ce problème facilement.
5. Cet été, nous nous baignons tous les jours.

1. non (craignait) 2. non (fuyiez) 3. oui 4. oui 5. non (baignions)

Je m'évalue

C8 LE PASSÉ COMPOSÉ

Je retiens

Le passé composé est un temps du passé qui se compose de **2 parties** :

L'auxiliaire être ou avoir au présent + le **participe passé** du verbe

*tourner : il a tourné
*boire : tu as bu

*obéir : ils ont fini
*prendre : j'ai pris

■ Avec **l'auxiliaire avoir** le participe passé ne s'accorde pas :

ils ont fini

■ Mais avec **l'auxiliaire être** le participe passé s'accorde avec le sujet :

elles sont parties

avoir		être		aller		finir	
j'	ai eu	j'	ai été	j'	suis allé(e)	j'	ai fini
tu	as eu	tu	as été	tu	es allé(e)	tu	as fini
il	a eu	il	a été	il, elle	est allé(e)	il	a fini
nous	avons eu	nous	avons été	nous	sommes allés	nous	avons fini
vous	avez eu	vous	avez été	vous	êtes allés	vous	avez fini
ils	ont eu	ils	ont été	ils, elles	sont allé(e)s	ils, elles	ont fini

Je m'exerce

1. Entoure UNIQUEMENT les verbes au PC et complète le tableau.

Nous avons chaud.
Il a travaillé dur.
Nous allons partir.
Tu as terminé.
Nous avons perdu.
Elles ont couru.
Il fait beau.
J'ai fini.

Verbe au passé composé	infinitif
....	....
....	....
....	....
....	....
....	....

2. Ecris les verbes au passé composé.

J'(acheter) ________________________ du pain. * Les élèves (arriver) ________________________ à l'heure. * Nous (avoir) __________________ peur de l'orage. * Les voleurs (cacher) ________________________ leur butin. * Nous (retrouver) ________________________ notre chemin.

3. Raconte ce que tu as fait hier. Ecris tes verbes au passé composé et souligne-les.

____

____

____

____

____

____

Exercices à faire à l'oral.

J'ai compris

Vrai ou faux ?

1. Le passé composé est formé d'un auxiliaire et de l'infinitif du verbe.
2. Au passé composé, l'auxiliaire est conjugué au futur.
3. Avec l'auxiliaire être, le participe passé s'accorde avec le sujet.

Les verbes sont-ils au passé composé ?

5. Le 1er juillet 1789, les Parisiens ont pris les armes.
6. Les soldats pointaient leurs fusils.
7. Quelques hommes sont fous.
8. Ils ont attaqué la Bastille.

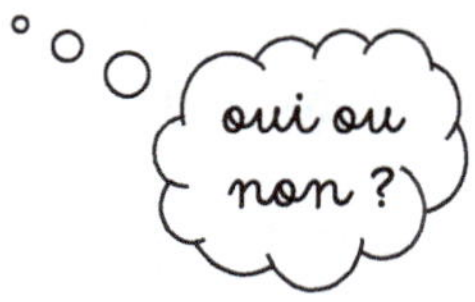

1. faux 2. faux 3. vrai 4. vrai 5. oui 6. non 7. non 8. oui

Je m'évalue

C9

LE PASSÉ SIMPLE

Je retiens

Le passé simple s'emploie dans les **récits**. On le trouve le plus souvent à la troisième personne du singulier ou du pluriel.
Il s'emploie pour exprimer une **action courte**.

	être	avoir	chanter	effacer	ranger
Je	fus	eus	chantai	effaçai	rangeai
Tu	fus	eus	chantas	effaças	rangeas
Il, elle, on	fut	eut	chanta	effaça	rangea
Nous	fûmes	eûmes	chantâmes	effaçâmes	rangeâmes
Vous	fûtes	eûtes	chantâtes	effaçâtes	rangeâtes
Ils, elles	furent	eurent	chantèrent	effacèrent	rangèrent

Attention !
* À la cédille pour les verbes qui finissent en -cer
* au « e » pour les verbes qui finissent en -ger

Je m'exerce

1. Ecris les verbes au passé simple.

J'(avoir) __________ mon premier livre au CP. Je ne (être) __________ pas content.

J'(avoir) __________ préféré un jouet. Mes parents (avoir) __________ toutes les peines du monde à me convaincre de le lire. Nous (avoir) __________ une grosse dispute. Plus tard, j'(avoir) ________ envie de l'ouvrir grâce à ma sœur et nous (être) __________ enchantés par l'histoire.

2. Même consigne.

Les spectateurs (entrer) ______________________ dans la salle.

Le concert (commencer) ______________________________ .

Les musiciens (entamer) ___________________________ le premier morceau.

Nous (écouter) _____________________________ avec émotion.

Nous (avoir) ________________ des frissons. Ce (être) ____________ magique.

Lorsque le spectacle (se terminer) ___________________________ nous (rentrer) ______________________________ chez nous ravis de notre soirée.

3. Ecris au passé simple les verbes souligné au présent.

Le chien-loup saute (PS : ____________________) au-dessus de l'énorme masse et va (PS : _____________) atterrir quelques mètres plus loin, puis faisant demi-tour, il se précipite (PS : __________________________) de nouveau sur son adversaire.

Je ramasse (PS : ______________________) sa laisse et je le tire (PS : ___________) en arrière. Dans une dernière tentative, il se jette (PS : _________________) sur lui, la patte de l'élan m'écorche (PS : ________________________) la cuisse.

Je ne bouge (PS : _______________________) plus.

Exercices à faire à l'oral.

J'ai compris

Vrai ou faux ?

1. Le passé simple exprime une action longue dans le passé.
2. C'est le temps du récit.
3. Les verbes du 1er groupe ont tous une terminaison en –a.
4. Il ne faut pas oublier l'accent circonflexe aux 2 premières personnes du pluriel.

Les verbes sont-ils correctement conjugués ?

5. Je mangeais des frites quand mon père arrivat.
6. Il furent heureux de nous retrouver.
7. Ma mère l'embrassa tendrement.
8. Moi, je lui sautai au cou.

1. faux 2. vrai 3. faux 4. vrai 5. non (arriva) 6. non (fut) 7. oui 8. oui

Je m'évalue

CIO LE PASSÉ SIMPLE (2)

Je retiens

Le passé simple des verbes du 2ème groupe et du 3ème groupe en -dre (comme prendre), ont les mêmes terminaisons :

-is, -is, -it, -îmes, -îtes, -irent

Finir : Je finis, tu finis, il finit, nous finîmes, vous finîtes, ils finirent

Prendre : Je pris, tu pris, il prit, nous prîmes, vous prîtes, ils prirent

Les autres verbes du 3ème groupe se conjuguent ainsi :

	faire	courir	voir	venir	écrire
Je, j'	fis	courus	vis	vins	écrivis
Tu	fis	courus	vis	vins	écrivis
Il, elle, on	fit	courut	vit	vint	écrivit
Nous	fîmes	courûmes	vîmes	vînmes	écrivîmes
Vous	fîtes	courûtes	vîtes	vîntes	écrivîtes
Ils, elles	firent	coururent	virent	vinrent	écrivirent

Je m'exerce

1. Ecris les verbes au passé simple.

Je (prendre) ________________________ ma casquette avec moi.

Tu (gravir) ________________________ la colline à l'aide du funiculaire.

On (entendre) ________________________ la sirène de la caserne des pompiers.

Ils (perdre) ________________________ leur match.

Il (salir) __________________ son tee-shirt.

2. Même consigne.

Je (sentir) _____________________ la fatigue. * Tu (servir) ___________________ une omelette. * Il (sortir) ____________________ de grand matin. * Le champion (battre) _______________________ le record du monde. * Il (venir) ______________________ à la rencontre de Samir, perdu au milieu du quartier. * Lorsque tu (voir) ____________ mon blouson, tu (vouloir) ____________________ le même. Le grand-père d'Audrey (connaître) ________________________ l'époque des voiture à chevaux.

3. « Un jour, une princesse rencontra un dragon... » continue.

Exercices à faire à l'oral.

J'ai compris

Les verbes sont-ils correctement conjugués ?

1. Je rougi quand il arriva.
2. Vous entendites du bruit dans le couloir.
3. Elles perdirent beaucoup de temps dans les embouteillages.
4. Nous salîtes nos vêtements dans la boue.
5. Mon chien obéit très bien.
6. Tu vendas beaucoup de fleurs
7. Il couru vers son père quand il le vit.
8. Elles revinrent après deux ans de voyage.
9. Je fit un gros câlin à ma maman quand elle arriva.
10. Tu sus tout de suite qui il était.

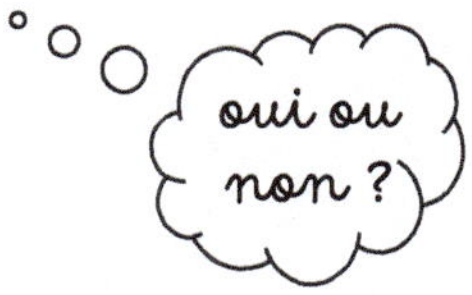

1. non 2. non 3. oui 4. non 5. oui 6. non 7. Non / oui 8. oui 9. non / oui 10. oui

Je m'évalue

Chapitre 3

ORTHOGRAPHE

SOMMAIRE

01

LE FÉMININ ET LE PLURIEL DES ADJECTIFS

Je retiens

Le féminin des adjectifs

Le plus souvent, le **féminin** des adjectifs qualificatifs se forme **en ajoutant un e** à l'adjectif masculin au singulier :

joli → jolie
grand → grande

Mais il existe des cas particuliers comme ceux du tableau ci-contre :

L'adjectif ne change pas	stupide, intrépide
-eux, /-eur –> -euse	peureux –> peureu____
-f –> -ve	vif –> vi____
-c –> -che	blanc –> blan_____
-s –> -sse -n –> nne -l –> lle	gros –> gro_____ bon –> bon_____ cruel –> cruel___
-et –> -ette, ète	coquet –> coquet___ secret –> secr___
-er –> -ère	léger –> lég___
-eau –> -elle	nouveau –> nouv______
-ou –> -olle	mou –> m______

Le pluriel des adjectifs

Le plus souvent, le **pluriel** des adjectifs qualificatifs se forme **en ajoutant un s** :

un récit court → des récits courts
une histoire courte → des histoires courtes

Cas particuliers :

L'adjectif ne change pas s'il finit par un -s ou un -x	heureux, gris
al –> aux (sauf banal, bancal, fatal, natal, naval...)	loyal –> loy____ banal –>ban____
eau –> eaux	nouveau –> nouv______

01 – Le féminin et le pluriel des adjectifs

Je m'exerce

1. Ecris ces adjectifs au féminin.

nul : ______________________

personnel : ______________________

éternel : ______________________

sot : ______________________

moyen : ______________________

gentil : ______________________

ancien : ______________________

gras : ______________________

2. Ecris ces adjectifs au pluriel.

jaloux : ______________________

lourd : ______________________

large : ______________________

précis : ______________________

blanc : ______________________

gras : ______________________

gai : ______________________

muet : ______________________

gracieux : ______________________

gris : ______________________

Exercices à faire à l'oral.

J'ai compris

Vrai ou faux ?

1. Pour former le féminin d'un adjectif, on ajoute toujours un -e
2. Les adjectifs masculins qui se terminent par -e ne changent pas au féminin.
3. Pour former le pluriel des adjectifs au féminin, on ajoute toujours un -s
4. Tous les adjectifs masculins en -al forment leur pluriel en -aux

Est-ce correct ?

5. Un hiver glacial. Des températures glaciales
6. Un bond phénoménal, des bonds phénoménaux
7. Un garçon discret, des filles discrète
8. Un cheveu roux, une chevelure rousses

1. faux 2. vrai 3. faux 4. faux 5. oui 6. oui 7. non 8. non

Je m'évalue

02 LE PLURIEL DES NOMS

Je retiens

Les noms en eu , au , eau au singulier prennent un x au pluriel :

un feu → des feux   un noyau → des noyaux

un bateau → des bateaux

Exceptions : Les mots suivants prennent un s au pluriel :

des pneus , des lieus (poisson) , des émeus , des bleus , des landaus

Les noms qui se terminent au singulier par ail prennent un s au pluriel :

un détail → des détails

Exceptions : Les mots suivants se transforment en aux au pluriel :

des travaux , des baux , des soupiraux , des coraux , des émaux , des vantaux , des vitraux

Les noms qui se terminent au singulier par al font leur pluriel en aux

un animal → des animaux

Exceptions : Les mots suivants prennent un s au pluriel : des bals , des carnavals , des chacals , des festivals , des régals

Les noms qui se terminent au singulier par ou prennent un s au pluriel :

un clou → des clous

Exceptions : Les mots suivants prennent un x au pluriel : des bijoux , des cailloux , des choux , des genoux , des hiboux , des joujoux , des poux

Je m'exerce

1. Remplis le tableau en mettant les mots au pluriel.

râteau – festival – landau – adieu - esquimau – trou – chandail – souriceau – émeu – portail – genou – boyau – feu – chacal

Avec un -x	Avec un -s

2. Entoure le nom de chaque liste qui est une exception au pluriel.

1) un rail * un portail * un vitrail * un détail
2) un fléau * un landau * un préau * un étau
3) un cheveu * un émeu * le milieu * un aveu
4) un joujou * un clou * un cou * un fou

3. Ecris ces mots au pluriel.

Les (bétail) ______________________ et les (cheval) ______________________ broutent dans le pré. * Les remparts des (château) ______________________ forts sont souvent équipés de (créneau) ______________________ . * Dans les (journal) ______________________ on parle de (bijou) ______________ magnifiques. * Les (lieu) ______________ et les (mérou) ______________________ sont des poissons. Les (travail) ______________________________ sont finis. * Les (noyau) ______________________ des cerises sont tout petits.

Exercices à faire à l'oral.

J'ai compris

Vrai ou faux ?

1. Les noms en -ail ont toujours un s au pluriel.
2. Les noms en -eu ont toujours un x au pluriel.
3. Les noms en -eau ont toujours un x au pluriel.
4. Certains noms en -ou ont un x au pluriel

Ces mots se mettent-ils tous au pluriel de la même manière ?

5. corbeau / tonneau / seau
6. tuyau / noyau / landau
7. travail / corail / vitrail
8. caillou / voyou / verrou

1. Faux 2. Faux 3. Vrai 4. Vrai 5. Oui 6. non (landaus) 7. non (coraux) 8. non (cailloux)

Je m'évalue

03 DES HOMONYMES GRAMMATICAUX

Je retiens

et est	et : on peut le remplacer par « et puis »	J'ai un crayon et (et puis) une règle.
	est : c'est le verbe être à la 3ème personne du singulier. (On peut le remplacer par était)	Il est (était) heureux.
ou où	où désigne un lieu :	Où vas-tu ?
	On peut remplacer ou par ou bien :	à l'école ou (bien) à la maison
son sont	son : c'est un déterminant possessif : il veut dire, le sien.	Son chien est mignon: c'est le sien
	sont : c'est le verbe être à la 3ème personne du pluriel. (On peut le remplacer par étaient)	Ils sont (étaient) au cinéma.
mais mes	mais peut-être remplacé par pourtant :	J'aime le riz mais je préfère les pâtes
	mes est un déterminant possessif : il veut dire, les miens :	Mes livres sont bien rangés

Je m'exerce

1. Complète avec mais – mes.

Pendant les vacances ________ cousins sont venus chez moi. ________ ils dormaient chez ________ grands-parents. On s'est vus plusieurs fois ________ ils ne sont restés qu'une semaine.

2. Complète avec où – ou.

Je reviendrai un jour ______ j'habitais quand j'étais petite. Je ferai une promenade ______ un tour en vélo. Mon amie sera-t-elle encore là ______ aura-t-elle déménager dans une ville _______ je ne pourrai pas la retrouver ?

3. Complète avec son – sont.

Mon frère a perdu ________ argent pour aller au cinéma. Il ne trouve pas _________ porte-monnaie non plus ni ________ chéquier. Où ________ -ils ? Il cherche dans ________ sac. Ah ouf ! Ils ________ dans cette poche qui était fermée !

03 – Des homonymes grammaticaux

4. Complète avec et – est.

Le vase de maman ____________ cassé. Il s' ____________ brisé hier soir. Le vent ____________ parfois très violent ____________ capricieux. La fenêtre s' ____________ ouverte ____________ l'a renversé. C' ____________ le vase de sa grand-mère alors maman ____________ un peu triste ____________ embêtée.

Exercices à faire à l'oral.

J'ai compris

Vrai ou faux ?

1. *mais* est un déterminant.
2. *où* veut dire *ou bien*
3. *est* peut-être remplacé par *était*..
4. On peut remplacer *sont* par *étaient*..

Est-ce correct ?

5. J'adore <u>mes</u> petits chiens.
6. <u>Ou</u> veux-tu aller cet été ?
7. Mes parents <u>son</u> vraiment gentils.
8. Mon petit frère <u>et</u> parti à la montagne.

1. Faux 2. faux 3. vrai 4. vrai 5. oui 6. non 7. non 8. non

Je m'évalue

04 PARTICIPE PASSÉ EN -É OU INFINITIF EN -ER ?

Je retiens

L'infinitif (en -er) et le participe passé (en -é) des verbes du 1er groupe se prononcent de la même façon.

Pour savoir comment écrire leur terminaison, on peut utiliser un verbe du 3ème groupe (*prendre* par exemple).

1) si on peut remplacer le mot par l'infinitif *prendre* on écrira -er : *il va manger / il va prendre*

2) Si on peut remplacer le mot par le participe passé de prendre « *pris* », on écrira -é : *il a mangé / il a pris*

Il y a aussi quelques règles à connaître :

1) Quand deux verbes se suivent, le second se met à l'infinitif, sauf si le 1er est l'auxiliaire avoir ou être car il s'agit du passé composé, donc avec un participe passé :

Il veut jouer *il a joué*

2) Derrière une préposition (*à, de, par, pour, sans, avec...*), il y a toujours un verbe à l'infinitif :

Il crie sans arrêter *il vient de rentrer*

Je m'exerce

1. Complète les phrases avec un verbe du 1er groupe.

Mon père est ______

Ma sœur vient de ______

Demain, nous allons ______

La maîtresse a ______

Vous voulez ______

Mes copains ont ______

2. Complète par -é ou –er : entoure le mot qui t'a aidé à trouver la réponse.

* Il faut sal____ le poulet
* Le poulet est trop sal____
* L'ampoule de la lampe a grill____
* Tu vas faire grill____ l'ampoule.

3. Complète par –é ou –er.

Il faisait bon voir ses larges épaules se dessin_____ sur l'horizon. * Son crâne chauve se mettait à brill_____ lorsqu'il était expos_____ à la lumière. * Le chien ne voulait pas demeur_____ attach_____. * Les Parisiens n'avaient jamais regard_____ la nature se réveill_____ ainsi. * Nulle branche n'avait boug_____ mais un filet d'eau devait s'écoul_____ entre les pierres. * Je la regardais allum_____ son feu dans l'étroite cuisine où l'on voyait vacill_____ la flamme d'une bougie.

Exercices à faire à l'oral.

J'ai compris

Vrai ou faux ?

1. A l'oral, on peut distinguer la terminaison du participe passé en –é de celle d'un verbe du 1er groupe à l'infinitif.
2. Quand deux verbes se suivent le second est au participe passé.
3. Le verbe s'écrit toujours à l'infinitif lorsqu'il suit une préposition.
4. Le verbe s'écrit à l'infinitif après un auxiliaire.

Est-ce correct ?

5. La maîtresse a demandé aux élèves de s'asseoir.
6. Le jardinier va balayer les feuilles.
7. Il rentre sans essuyé ses chaussures sur le paillasson.
8. L'automobiliste a respecter le code de la route.

1. faux 2. faux 3. vrai 4. faux 5. oui 6. oui 7. non 8. non

Je m'évalue

05 LES ACCORDS DANS LE GROUPE NOMINAL

Je retiens

Dans le groupe nominal, le **déterminant** et les **adjectifs** s'accordent avec le **nom** principal de la phrase qu'on appelle le « noyau ».

Ils ont alors le même **genre** (féminin ou masculin) et le même **nombre** (singulier ou pluriel).

un imperméable neuf → des imperméables neufs
une chaussure vernie → des chaussures vernies

Lorsque l'adjectif qualificatif complète **plusieurs groupes nominaux**, il se met au pluriel. Si l'un des deux noms est masculin l'adjectif s'écrira au masculin.

Il possède une poule et un coq bruyants. → fem + masc = masc-pluriel

Il possède une poule et une vache jolies. → fem + fem = fem-pluriel

Attention :

Si le groupe nominal comporte un complément du nom, celui-ci ne s'accorde pas avec le noyau du groupe nominal.

Le chat sauvage vit dans des forêts abandonnées de moyenne montagne.

Complément du nom

Je m'exerce

1. Classe ces groupes nominaux dans le tableau suivant.

de beaux rossignols – les jolies tulipes – ces arbres verts – les coquelicots rouges – le chêne majestueux – la blanche hirondelle – La poule rousse – ce corbeau bruyant – les chattes grises – les belles marguerites – le jasmin odorant – l'herbe clairsemée.

Masculin singulier			
Masculin pluriel			
Féminin singulier			
Féminin pluriel			

2. Accorde les adjectifs correctement.

des brioches et des chouquettes bien croustillant______

une robe et une écharpe blanc______

Une poire et un abricot très mûr______

Une armoire et un lit imposant______

3. Récris et accorde les adjectifs comme il convient.

Les glycines sont des arbustes (grimpant) ____________________ .

Ses (joli) __________ fleurs aux couleurs (vif) ____________ forment des (petit) ____________ grappes réunies en (gros) ____________ bouquets (violet) ____________ . Ses tiges (résistant) ____________________ s'agrippent sur les murs (exposé) ______________ au soleil.

Exercices à faire à l'oral.

J'ai compris

Vrai ou faux ?

1. Le déterminant s'accorde avec l'adjectif du groupe nominal.
2. C'est le nom qui donne le genre et le nombre à l'adjectif.
3. Un adjectif peut compléter plusieurs noms.
4. S'il y a plusieurs GN, l'adjectif qui les complète s'accorde au singulier.

Est-ce correct ?

5. Des jolis maisons décorés.
6. Des chattes agressives.
7. Des prunes et des brugnons mûres.
8. Des chaussures neuves.

1. faux (il s'accorde avec le nom.) 2. vrai 3. vrai 4. faux (au pluriel)

5. Non (jolies et décorées) 6. oui 7. non (mûrs) 8. oui

Je m'évalue

06 LES ADVERBES EN -MENT

Je retiens

* L'adverbe est un mot **invariable** qui modifie le sens d'un verbe ou d'un adjectif :

Il court rapidement — *Il est vraiment heureux*

* Les adverbes en –ment **sont formés sur l'adjectif féminin** duquel il provient :

lent – lente – lentement

... sauf *gentiment* qui ne s'écrit pas *gentillement* .

* Quand on entend le son *e* avant la terminaison *–ment*, les adverbes prennent **un seul *m*** :

silencieusement, grandement, froidement

* Les adverbes dans lesquels on entend le son *a* avant la terminaison *–ment*, prennent **deux *m*** .

On conserve le *a* ou le *e* de l'adjectif duquel il provient :

violent – violemment

constant – constamment

Je m'exerce

1. Ecris les adverbes en –ment venant de ces adjectifs.

long --> ______________________ ferme --> ______________________

cruel --> ______________________ franc --> ______________________

actif --> ______________________ léger --> ______________________

frais --> ______________________ doux --> ______________________

gentil --> ______________________ odieux --> ______________________

2. Ecris les adverbes en –emment ou –amment venant de ces adjectifs.

savant --> ______________________

évident --> ______________________

galant --> ______________________

méchant --> ______________________

suffisant --> ______________________

patient --> ______________________

violent --> ______________________

3. Ecris l'adjectif d'où provient l'adverbe.

ardemment --> ____________________ prudemment --> ____________________

suffisamment --> ____________________ éloquemment --> ____________________

élégamment --> ____________________

4. Complète avec des adverbes en –ment de ton choix.

______________________________ , les enfants sortent leur cahier du cartable. Ils prennent __________________________ leur stylo. La maîtresse commence la dictée ____________________________ . ____________________________ , elle répète plusieurs fois les phrases. __________________________ , ce n'était pas difficile !

Exercices à faire à l'oral.

J'ai compris

Vrai ou faux ?

1. Les adverbes en -ment sont formés sur l'adjectif au masculin.
2. Les adverbes avec deux m, se prononcent -amment.
3. Si on entend –e avant le –ment, on écrit un seul m.

Est-ce correct ?

4 . Bruyament 5. joyeusement
6. Brusquement 7. imprudemment
8. Certainement 9. solidemment

1. Faux, au féminin 2. vrai 3. vrai 4. non 5. oui 6. non 7. oui 8. oui 9. non

Je m'évalue

Chapitre 4

VOCABULAIRE
(OU LEXIQUE)

SOMMAIRE

VI LES SYNONYMES

Je retiens

* Les synonymes sont des mots qui ont **le même sens** ou un sens proche. Ils veulent dire la même chose.

Ils sont utiles pour éviter les répétitions ou pour être plus précis :

Les parents élèvent leurs enfants.

Les parents éduquent leurs enfants.

* Les synonymes doivent être de la même **nature** ou classe (un nom est synonyme d'un nom, un adjectif est synonyme d'un adjectif...).

élèvent et *éduquent* sont des verbes.

* Pour remplacer un mot par un synonyme il faut être attentif **au contexte** qui donne le sens du mot :

un petit moment / un moment bref

un petit chemin / un chemin étroit

* L'abréviation du dictionnaire **syn** ou le signe **=** signalent le ou les synonymes du mot.

Je m'exerce

1. Regroupe les synonymes 2 par 2.

difficile, crier plein, coucher, voir, dire, allonger, compliqué, apercevoir, raconter, rempli, vociférer

_______________ et _______________

_______________ et _______________

_______________ et _______________

_______________ et _______________

_______________ et _______________

_______________ et _______________

2. Barre l'intrus de chaque liste.

a) un vase, un broc, une carafe, un pichet

b) manger, s'alimenter, se nourrir, boire

c) paisible, drôle, calme, reposant

d) crier, hurler, parler, vociférer

e) joli, beau, magnifique, superbe, moche

f) dormir, sommeiller, s'éveiller, s'assoupir

3. Trouve un synonyme pour éviter les répétitions.

J'ai passé de bonnes vacances. J'ai mangé de bonnes ____________________ glaces.

Dehors il faisait bon. Je me suis fait de bons ______________ amis.

4. Remplace les mots soulignés par un synonyme. Tu peux t'aider du dictionnaire.

a) Comme chaque année, à cette époque, un vent d'une rare violence

(____________________) soufflait sur la cité (____________________).

b) Des monceaux (__________________) de feuilles mortes (__________________)

couvraient le sol.

Exercices à faire à l'oral.

J'ai compris

Vrai ou faux ?

1. Les synonymes permettent de dire le contraire.
2. Les mots synonymes ont la même nature.
3. Pour remplacer un mot par un synonyme, on doit tenir compte du contexte.
4. Un mot peut avoir plusieurs synonymes.

Est-ce correct ?

5. Ces exercices sont trop durs. → simples
6. Nous avons vu un nouveau film. → regardé
7. Le serveur donne les plats aux clients. → sert
8. Cette fleur a une odeur agréable. → senteur

1. faux 2. vrai 3. vrai 4. vrai 5. non 6. oui 7. oui 8. oui

Je m'évalue

V2 LES CONTRAIRES (OU ANTONYMES)

Je retiens

Les contraires (ou antonymes) sont des mots qui s'opposent par leur sens. Ils ont toujours la même **nature** grammaticale :

la montée / la descente (noms)

lourd / léger (adjectifs)

entrer /sortir (verbes)

Ils peuvent appartenir à la **même famille** et s'opposent alors par un **préfixe** comme a-, in-, dé-, mal- ou parfois non- :

symétrique /asymétrique — *poli /impoli*

heureux /malheureux — *faire /défaire*

la violence /la non-violence

Ils peuvent aussi être de familles différentes : *grand /petit*

Tous les mots n'ont pas un contraire. Mais certains ont **plusieurs contraires**, selon le contexte :

un tissu doux ≠ un tissu rugueux

un enfant doux ≠ un enfant brutal

Je m'exerce

1. Regroupe les contraires suivants 2 par 2 :

premier, désordonné, sale, propre, respectueux, dernier, rangé, insolent

______________________ c'est le contraire de ______________________

______________________ c'est le contraire de ______________________

______________________ c'est le contraire de ______________________

______________________ c'est le contraire de ______________________

______________________ c'est le contraire de ______________________

2. Ecris le contraire de chaque verbe en gardant le même sens.

Débuter : ______________________

Délivrer : ______________________

Déballer : ______________________

Détruire : ______________________

Dérouler : ______________________

V2 – Les contraires

3. Forme les contraires des mots suivants avec les préfixes : in-, im-, mé-, mal-

connu : ______________________ - ______________________

sensible : ______________________

heureux : ______________________

honnête : ______________________

poli : ______________________ - ______________________

content : ______________________

Exercices à faire à l'oral.

J'ai compris

Vrai ou faux ?

1. Les contraires s'opposent par le sens.
2. Les contraires sont des mots des natures différentes
3. Tous les mots ont un contraire
4. Les contraires sont toujours des mots de la même famille.

Ces contraires sont-ils corrects ?

5. correct - incorrect
6. taché - propre
7. lire - élire
8. battre - débattre

1. vrai 2. faux 3. faux 4. faux 5. oui 6. oui 7. non 8. non

Je m'évalue

V3 LA CONSTRUCTION DES MOTS

Je retiens

La plupart des mots de la langue française sont construits à partir de différents éléments :

Le **radical** est l'élément de base, il contient le sens principal du mot : un bond	Le **préfixe** se place au début du mot, avant le radical : un rebond.	Le **suffixe** se place à la fin du mot, après le radical : bondir

Un même mot peut contenir un préfixe et un suffixe : rebondir.

Les mots qui ont le même radical et un sens commun constituent une famille de mots : un bond – un rebond – rebondir – un rebondissement.

Attention : Certains mots qui se ressemblent n'appartiennent pas à la même famille de mots :

bondé signifie être plein. Il ne fait pas partie de la famille de bond

Je m'exerce

1. Encadre le radical de chaque série.

1) dentaire, dentier, dentiste, trident

2) immobile, immobilité, immobilier, immobilisation

3) dégoût, goûter, goûteur, dégoûter

2. Barre l'intrus : celui qui ne fait pas partie de la même famille.

1) coller, décollage, recoller, la colle

2) peindre, peinture, peigne, repeindre

3) terrier, terreur, terre, enterrer

4) opérer, opération, opérateur, opacité

3. Cherche 4 mots de la famille « Histoire » en ajoutant les préfixes et/ou suffixes : pré-, -ique, -ien.

1) ______________________ 3) ______________________

2) ______________________ 4) ______________________

4. Souligne le radical de chaque mot et indique le mot simple duquel ils sont dérivés.

1) exporter, importer, triporteur, portatif, portable : ____________________

2) fleuriste, fleurir, floraison, flore, floral : ____________________

3) bordure, déborder, débordement, abordage, tribord : ____________________

5. Pour chaque partie encadrée, indique s'il s'agit du radical (R), du préfixe (P) ou du suffixe (S).

1) color[er] : ______ dé[color]ation : ______ [multi]colore : ______

2) [dé]nommer : ______ surnomm[er] : ______ re[nom]mer : ______

Exercices à faire à l'oral.

J'ai compris

Vrai ou faux ?

1. Les mots d'une même famille ont un radical commun.
2. Tous les mots qui se ressemblent appartiennent à la même famille de mots.
3. Un mot contient toujours un préfixe et un suffixe.
4. Le suffixe se place au début du mot.

Est-ce correct ?

5. enterrer – terrestre – atterrir : *le suffixe*
6. un parasol – solaire – un solarium : *le radical*
7. consolider – solidarité – solidifier – solidement : *le radical*
8. refleurir – un fleuriste – la floraison : *le suffixe*

1. Vrai 2. faux 3. faux 4. faux 5. oui 6. oui 7. non 8. non

Je m'évalue

V4

LES PRÉFIXES

Je retiens

Le **préfixe** se place devant le radical d'un mot. Il permet de former un nouveau mot ou **mot dérivé**.

re dire — préfixe radical ; in croyable — préfixe radical

Préfixes	Signification	Exemples
re-, r-	répétition, retour en arrière	**re**venir, **re**trouver
pré-	avant, devant	**pré**fixe, **pré**dire
pro-	en avant de	**pro**jeter, **pro**venir
im-, in-, il-, ir-, mal-	contraire	**im**mobile, **in**complet, **il**lisible, **ir**réfléchi, **mal**adroit
mono-	un	**mono**place, **mono**logue
bi-	deux	**bi**mensuel, **bi**cyclette
tri-	trois	**tri**angle, **tri**mestre
en-, em-	dans	**en**rouler, **em**prisonner
a-, é-	rendre plus	**a**maigrir, **é**claircir
inter-, intra-, intro-	entre, au milieu de, parmi	**intra**musculaire
trans-	au delà	**trans**porter

Je m'exerce

1. Ecris le contraire des mots en ajoutant le préfixe dé (ou des).

composer : ______________ boucher : ______________

coudre : ______________ habiller : ______________

boutonner : ______________ unir : ______________

2. Ecris les mots correspondant aux définitions et qui commençant par bi- ou tri-.

1) Qui se renouvelle tous les deux mois. ______________

2) Figure géométrique à trois angles. ______________

3) Période d'une durée de trois mois. ______________

4) Synonyme de vélo. ______________

3. Entoure les préfixes dans les mots suivants, s'il y en a.

rebondir, détruire, kilomètre, impossible, revivre, instrument, centime, préhistoire, retard, irrésistible, décorer, indien.

4. Entoure les mots dont le préfixe exprime la répétition.

défaire, encoller, redemander, redire, réécrire, préchauffer,

réchauffer, enfermer, prédire, remplacer, revivre, retirer

5. Ecris le préfixe qui manque.

1) Le drapeau avec trois couleurs : __________colore

2) Un arc-en-ciel de plusieurs couleurs : __________ colore

3) Un bonbon de deux couleurs : __________ colore

Exercices à faire à l'oral.

J'ai compris

Vrai ou faux ?

1. Le préfixe se place derrière le radical.
2. Certains préfixes permettent de dire le contraire.
3. Tous les mots ont un préfixe.
4. Le préfixe « en » ou « em » veut dire dans.

Les mots soulignés ont-ils un préfixe ?

5. illégal - <u>illogique</u> - illisible
6. un minijupe - un minibus - le <u>minimum</u>
7. une multiprise - un multicoque - <u>multiplier</u>

1. Faux 2. vrai 3. faux 4. vrai 5. oui 6. non 7. non

Je m'évalue

V5 LES SUFFIXES

Je retiens

Le **suffixe**, qui est toujours placé **après le radical**, change le plus souvent la nature grammaticale du mot.

Il donne une indication sur le sens du nouveau mot.

Les suffixes ont, comme les préfixes, une **signification** :

*-ement, -tion, -age, -ure : ces suffixes permettent de construire des mots désignant une action ou le résultat d'une action.

un changement : action de changer

* -eur, -ier, -iste, -er, -ien : ils permettent de construire des noms qui signifient « personne qui fait quelque chose ».

un musicien : personne qui joue de la musique

* -able, -ible, -uble : ils permettent de construire des adjectifs qui signifient « qui peut-être... »

mangeable : qui peut être mangé

Je m'exerce

1. Ecris les noms de métier à partir des mots suivants et souligne le suffixe.

L'art : ______________________

une ferme : ______________________

un fromage : ______________________

la poste : ______________________

un parfum : ______________________

une illustration : ______________________

la porte : ______________________

2. Barre l'intrus dans chaque liste, celui qui n'a pas de suffixe.

a) Le lavage, le garage, la plage, le dérapage

b) Un découragement, un paravent, un agrandissement, un paiement

c) Un cahier, un boucher, un écolier, un épicier

d) L'usure, la chapelure, une brûlure, une cassure

3. Entoure les mots dont le suffixe désigne une action ou le résultat d'une action.

Le nettoyage * une station * un quadrillage * un déplacement *

un finaliste * le séchage * un aviateur * le coloriage * le décalage

4. Ecris les mots correspondants aux dessins, des outils de jardiniers. Entoure le suffixe.

Un p____________________________

Une t____________________________

Un a____________________________

Exercices à faire à l'oral.

J'ai compris

Vrai ou faux ?

1. Le suffixe ne donne aucune indication sur le sens d'un mot.
2. Le suffixe se trouve après le radical.
3. -tion est un suffixe qui permet de faire des noms désignant une action.
4. Le suffixe change souvent la nature grammaticale des mots.

La partie soulignée est-elle un suffixe ?

5. un déménagement, une rédaction, une guérison
6. un italien, un portier, une boulangère
7. un cartable, un misérable, intouchable
8. un sculpteur, un chanteur, une fleur

1. faux 2. vrai 3. faux 4. vrai 5. oui 6. oui 7. non 8. non

Je m'évalue

V6 LES NIVEAUX DE LANGAGE

Je retiens

Selon la situation (personne à qui l'on s'adresse, lieu dans lequel on se trouve, oral ou écrit), on utilise des niveaux de langage différents pour s'exprimer.

On distingue **trois niveaux de langage** :

- Le langage **soutenu**, surtout utilisé à l'écrit : *Hâte toi !*
- Le langage **courant** : *Dépêche toi !*
- Le langage **familier** : *Grouille toi !*

La différence entre les niveaux de langage apparaît aussi dans la prononciation et la construction de phrases :

Vient-il ce soir ? *Est-ce qu'il vient ce soir ?* *Il vient c' soir ?*

Je m'exerce

1. Complète le tableau avec les mots suivants.

Les cheveux, une tignasse / rigolo, amusant / une bécane, un vélo / crevé, fatigué / une chose, un truc / un froc, un pantalon / le travail, le boulot / des chaussures, des godasses / Un bouquin, un livre / un policier, un flic

Niveau familier	Niveau courant
....	....
....	....
....	....
....	....
....	....
....	....
....	....
....	....
....	....
....	....

V6 – Les niveaux de langage

2. Indique si ces phrases ont un niveau soutenu, courant ou familier.

Cette tâche me paraît harassante. ____________________

Elle est gênée par le désordre. ____________________

Tu m'as dit quoi ? ____________________

Ma bagnole s'est pété. ____________________

3. Ecris les mots courants correspondants aux mots familiers suivants.

c'est marrant : ____________________

dégringoler : ____________________

se barrer : ____________________

flipper : ____________________

être peinard : ____________________

du fric : ____________________

Exercices à faire à l'oral.

J'ai compris

Vrai ou faux ?

1. On distingue trois niveaux de langage.
2. Le langage soutenu permet de discuter avec ses amis.
3. Le langage courant est surtout utilisé à l'écrit.
4. Le langage familier s'utilise en classe.

Les mots de chaque liste sont-ils du même niveau ?

5. harassante – incommodée – foutue
6. Est-il là ? – Vient-il ? – Il arrive ?
7. Je ne vois pas – Je ne sais pas – je n'entends pas.
8. Le boulot – une bécane – un livre

1. vrai 2. faux 3. faux 4. faux 5. non 6. non 7. oui 8. non

Je m'évalue

Chapitre 4

EXERCICES DE RÉVISION

SOMMAIRE

JE RÉVISE - GRAMMAIRE

G1 La transformation négative

1. Indique si les phrases sont négatives (oui ou non) et entoure les mots de négation.

Lucie n'aime pas les épinards. _______ * Il est interdit d'aller sur ce chemin. _______ *

Ce n'est guère le moment d'en parler. _______ * Les garçons ne veulent plus jouer au football. _______ * Il y a encore du gâteau au chocolat. _______ * Je ne possède aucun animal domestique _______ *

2. Ecris ces phrases à la forme négative.

a) j'ai vraiment aimé ce film. ___________________________________

b) Ces élèves ont très bien chanté. ___________________________________

c) J'ai déjà lu ce livre. ___________________________________

d) Nous avons eu très froid. ___________________________________

3. Réponds à ces questions par une phrase négative.

Y a-t-il quelque chose derrière cette porte ? Non, ___________________________________

Aimes-tu les petits pois ? Non, ___________________________________

Avez-vous déjà vu ce film ? Non, ___________________________________

G2 Les types de phrases

1. Indique le type de chaque phrase : déclarative, interrogative, impérative

Viens ici ! ________________ Je regarde mon petit chat. ________________

Je t'interdis de sauter ! ________________ * Peux-tu m'écouter ? ________________

Mets vite ton gilet. ________________ . * Est-ce que tu es là ? ________________

2. Transforme ces phrases comme demandé.

Tu es content d'avoir vu ce film. (--> interrogatif)

____

Vous êtes gentils avec votre grand-mère. (--> impératif)

____

Ta chemise est-elle propre ? (--> déclaratif)

____

G3 La ponctuation

1. Réécris ce dialogue en remettant les tirets aux bons endroits et en allant à la ligne quand il le faut.

Je crois qu'il faut partir en voyage, mon ami, murmura le Troll. Chic alors ! Où va-t-on ? demanda Jake. Chercher de l'aide. Mais d'abord, il nous faut sortir d'ici, car ces sorcières ont des sonars dans les oreilles. Si tu ris ne serait-ce qu'une fois, elles nous retrouveront. Je n'ai pas envie de rire, répondit Jake en poussant une lucarne.

____

____

____

____

____

____

____

2. Dans les cadres mets la ponctuation qui manque

Comme je suis contente que tu viennes à mon anniversaire ☐ L'autre jour ☐ j'ai demandé à Nina ☐ ☐ veux-tu venir à mon anniversaire ☐ ☐ Je n'ai vraiment pas compris pourquoi elle m'a dit non ☐ Mais peut-être ne m'a-t-elle pas tout dit ☐ Alors voici qui sera là ☐ Karl ☐ Diego ☐ Lola et Lana ☐

G4 La fonction sujet

1. Entoure les sujets des verbes soulignés.

Louis XIV <u>était</u> un appelé le Roi Soleil. Il <u>a construit</u> le château de Versailles. Sa femme <u>organisait</u> des bals somptueux. Marie-Antoinette <u>était</u> bien capricieuse. Les gens <u>avaient</u> peu d'argent et beaucoup d'impôts. Ils <u>étaient</u> en colère. La Révolution <u>a éclaté</u>.

2. Souligne les verbes et entoure les sujets.

Dans le ciel, volent les oiseaux. « Ils sont beaux », se dit Laura.

Maman cherche notre petit chat partout... où est-il passé ?

« Nous allons expliquer les exercices de maths » informe la maîtresse.

Où partez-vous pendant les vacances de Noël ? demande leur ami.

G5 La nature du sujet

1. Indique la nature des sujets soulignés.

Quand <u>les enfants</u> (__________________) me demandent pourquoi <u>la mer</u> (___________) est-elle salée, <u>je</u> (__________________) suis obligé de répondre que <u>les poissons</u> (__________________) ont trop pleuré. Mais dis-moi ce qu'<u>on</u> (__________________) a fait ? <u>Gims</u> (__________________) chante : « Le pire ».

2. Complète les phrases par un sujet qui convient et selon les indications.

__________________________ (pronom personnel) chantes tout le temps.

_______________________ (groupe nominal) adorent t'entendre.

__________________________ (nom propre) voudrait que tu t'inscrives à un concours.

__________________________ (groupe nominal) écoutent de la musique.

_________________ (pronom personnel) aimez le rap.

G6 Les déterminants

1. Place un déterminant devant le nom, selon les indications.

(dét démonstratif) ________ magasin

(article défini) ________ feuille

(dét possessif) ________ sourire

(article indéfini) ________ téléphone

(dét démonstratif) ________ montagne

(dét démonstratif) ________ élève

(article indéfini) ________ paille

(dét possessif) ________ voiture

(dét possessif) ________ chaussures

(dét indéfini) ________ fleurs

2. Indique la nature des déterminants soulignés.

Dans <u>cette</u> salle, <u>les</u> bruits résonnent et on n'entend plus les paroles de <u>mes</u> amis.
<u>Tes</u> traces laissées sur <u>la</u> neige seront bien vite effacées par <u>ce</u> vent glacial.
<u>Chaque</u> année au début <u>du</u> mois de février, <u>des</u> crêpes sautent dans <u>nos</u> poêles.

cette :	les :	mes :	tes :	la :
ce :	chaque :	du :	des :	nos :

G7 Les compléments d'objet

1. Indique si les groupes de mots soulignés sont COD, ou COI

Les élèves ont disputé plusieurs matchs de football. (________) * Tous les acteurs répéteront leur texte. (________) * Mon frère récite sa poésie. (________) * Il parle à son petit frère. (________) * La maîtresse leur (________) lit une histoire. (________) * Arthur parle de sa sortie. (________)

2. Surligne le verbe et souligne le COD

Dans le jardin, je cueillais des roses. * Veux-tu des cerises ? * Mon père bêchait une parcelle de terre. * Nous accueillons avec bienveillance une nouvelle élève. * Boirez-vous un café ?

3. Surligne le verbe, souligne le COI et entoure la préposition qui l'introduit

Les lycéens travaillent à leur devoir. * Mes cousins jouent aux billes. * Juliette écrit à son père. * Ils manquent de place. * Je repense souvent à ma cousine.

G8 Les compléments circonstanciels

1. Indique si les CC soulignés sont de lieu, de temps, de manière ou de causse.

On trouve sur un arbre (________) de jolies feuilles. * Elles tombent en automne (________) . * Les racines s'étalent profondément (________) dans le sol (________) pour trouver l'eau et les sels minéraux. * Il ne viendra pas à cause du temps. (________)

2. Classe ces expressions dans le tableau.

près de la piscine * parce qu'il a faim. * depuis de nombreuses années * à cette époque * dans le jardin * sur le lit * à cause de sa sœur. * avec violence * sans difficulté * demain * prudemment

CCL			
CCT			
CCM			
CCC			

3. Complète les phrases par le CC qui répond à la question.

mon grand frère roule sur son scooter (comment ?) ________________________________ .

Les livres sont rangés (où ?) ________________________________ .

Je fête mon anniversaire (quand ?) ________________________________ .

Nous mangeons (où ?) (quand ?) (pourquoi ?) ________________________________

________________________________ .

G9 Les expansions du nom

1. Entoure les adjectifs épithètes (il y en a 11) et souligne le nom qu'il complète.

Dans l'océan pacifique vit de gros animaux. Des grands requins blancs, des immenses cachalots, de somptueuses baleines bleues ou encore de mignons petits dauphins. C'est un monde marin incroyable !

2. Souligne les GN complément du nom des mots surlignés et entoure la préposition.

Pour sa fête d'anniversaire, M. Alligator a envoyé des cartons d'invitation.

Son ami M. Serpent à lunettes qui est en voyage de noce ne pourra pas venir.

Ni M. Dromadaire qui est au mariage de son cousin.

Ni Mme Libellule qui fait le tour du monde. Qui sera donc là ?

G10 L'attribut du sujet

1. Entoure les verbes et souligne les attributs du sujet s'il y en a (il y a des pièges).

Les documentaires demeurent mes livres favoris. * Mes grands-parents demeurent en Vendée. * Elle s'appelle Emilie. * Appelle ton frère ! * Ces magasins restent ouverts très tard. * Mes amis restent longtemps en Espagne.

2. Recopie les phrases en remplaçant le groupe sujet souligné par celui entre parenthèses.

Sa chevelure est blonde et courte (→ Ses cheveux .)

____

Cet animal paraît doux et inoffensif. (→ Ces bêtes)

____

Ce gâteau semble délicieux et très cher (→ Ces tartes)

____

3. Entoure les verbes, souligne les attributs du sujet et indique leur nature (adj) ou (GN)

Sa barbiche était noire et pointue. * Ses yeux étaient limpides. * Il avait l'air futé. * Cet homme paraissait un personnage sympathique. * Il était un talentueux écrivain.

JE RÉVISE - CONJUGAISON

C1 Le verbe

1. Entoure les verbes conjugués et complète le tableau.

Les enfants construisent un jeu de cartes. Ils préparent du carton. Ils le découpent en rectangles sur lesquels ils écrivent des chiffres. Cette activité les passionne.

verbe conjugué	infinitif	gpe

2. Souligne le radical et entoure la terminaison.

Nous habitons en ville. * Tu montreras le chemin *. Ils ralentissaient *

Vous préparez un exposé * Je rangeais la cuisine. * Elles mangent en silence.

C2 Le présent (1)

1. Conjugue les verbes être et avoir au présent.

être				avoir			
Je		Nous		J'		Nous	
Tu		Vous		Tu		Vous	
Il		Ils		Il		Ils	

2. Ecris ces verbes du 1er groupe au présent.

Nous (plonger) ______________________________ .

Vous (jouer) ______________________________ .

Tu (aimer) ______________________________ .

Je (crier) ______________________________ .

Nous (lancer) ______________________________ .

Le chien (aboyer) ______________________________ .

Elles (créer) ______________________________ .

On (bailler) ______________________________ .

3. Ecris ces verbes du 2ème groupe au présent.

(rougir) : tu ______________________________ nous ______________________________

(nourrir) : il ______________________________ vous ______________________________

(réfléchir) : je ______________________________ ils ______________________________

C3 Le présent (2)

Conjugue les verbes au présent.

	rendre
Je	
Tu	
Ils	

	voir
nous	
vous	
ils	

	tenir
Je	
Il	
ils	

	faire
nous	
vous	
ils	

	dire
tu	
vous	
ils	

	vouloir
Tu	
Il	
ils	

	peindre
Je	
nous	
ils	

	mettre
tu	
nous	
elles	

	savoir
je	
tu	
ils	

C4 L'impératif

1. Conjugue les verbes à l'impératif.

être	avoir	aller	sauter	finir	mettre

2. Ecris ce texte à l'impératif à la 2ème personne du singulier puis à la 2ème personne du pluriel.

Ouvrir une bouteille de lait. En mettre un peu dans une casserole. Ajouter du chocolat en poudre. Laisser chauffer à feu doux. Verser dans un bol. Boire bien chaud en hiver.

2ème personne du singulier. :

____

____

____

2ème personne du pluriel :

____

____

____

C5 Le futur

1. Conjugue les verbes au futur.

	être	avoir	aller	jouer	saisir
Je-J'					
Tu					
Il					
nous					
vous					
ils					

2. Ecris ces verbes au futur.

Nous (faire) ______________________ Nous (savoir) ______________________

Vous (dire) ______________________ Le chien (venir) ______________________

Tu (vouloir) ______________________ Elles (créer) ______________________

Je (tenir) ______________________ On (copier) ______________________

3. Barre l'intrus et explique pourquoi.

a) Je serai – je mangerai – je fais – je jouerai – je finirai : ______________________

b) Elle aura – tu auras – nous aurons – je saurai : ______________________

____

C6 L'imparfait (1)

1. Conjugue les verbes à l'imparfait.

	être	avoir	aller	jouer	rougir
je/j'					
tu					
il					
nous					
vous					
ils					

2. Entoure le verbe conjugué et indique s'il est au présent (PST) ou à l'imparfait. (IMP)

Nous allions en vélo à l'école. (________) * Nous faisons le tour du monde. (________) * Nous pouvions voyager en train. (________) * Vous voyiez les nuages se former. (________) * Vous simplifiez trop le travail. (________) * Nous ne gaspillons pas notre temps. (________) * Nous gagnions la coupe de la rencontre sportive. (________) * Vous associez deux synonymes. (________) .

C7 L'imparfait (2)

1. Conjugue les verbes à l'imparfait.

payer : nous ______________________ vous ______________________

rire : nous ______________________ vous ______________________

relier : nous ______________________ vous ______________________

gagner : nous ______________________ vous ______________________

bailler : nous ______________________ vous ______________________

voir : nous ______________________ vous ______________________

craindre : nous ______________________ vous ______________________

fuir : nous ______________________ vous ______________________

2. Ecris le verbe au présent ou à l'imparfait en fonction du contexte.

En 1920, nous (travailler) ______________________ avec des plumes et de l'encre.

De nos jours, nous (payer) ______________________ avec une carte bleue.

Depuis ce matin, vous (peindre) ______________________ cette toile.

L'année dernière, vous (sourire) ______________________ en regardant ce film.

C8 Le passé composé

1. Complète les tableaux au passé composé.

être	avoir	aller	jouer	nourrir
J'	tu	elle	J'	on
tu	elle	nous	tu	nous
nous	ils	vous	elles	ils

faire	vendre	prendre	dire	partir
tu	il	J'	tu	elle
nous	vous	elle	on	nous
vous	elles	ils	nous	ils

2. Entoure les verbes au passé composé et écris leur infinitif.

Les témoins ont appelé les pompiers. * J'ai eu de la chance * J'étais parti avant toi. * Vous avez saisi la bouée. * Nous jouons dehors. * Tu as été malade. * J'ai peur * Nous sommes tombés. * Elle aime le chocolat.

Verbe au PC	infinitif

C9 Le passé simple (1)

1. Ecris les verbes au passé simple avec le sujet demandé.

Avoir une grande joie.

J' ______________________

Tu ______________________

Vous ______________________

Ils ______________________

Être déçu par le film.

Tu ______________________

Louis ______________________

Nous ______________________

Vous ______________________

2. Complète ces phrases avec les verbes être ou avoir conjugués au passé simple.

Traverser le torrent en crue, ce ne ______________ pas une partie de plaisir.

Malgré le froid, nous ______________ le courage de sortir pour dégager la neige.

Maude et Diego ______________ les premiers à atteindre le sommet de l'Everest.

Galilée ______________ très tôt l'intuition que la Terre était ronde.

3. Complète ces phrases en écrivant les verbes entre parenthèses au passé simple.

(planer) Les aigles ______________ longtemps au dessus de sa proie.

(changer) Le mécanicien ______________ les roues de la Formule 1 en dix secondes.

(exagérer) Tu ______________ un peu la taille du poisson que tu avais péché.

(effacer) J' ______________ le tableau parce que la maîtresse me le demanda.

C10 Le passé simple (2)

1. Complète le tableau en mettant les verbes au passé simple.

	faire	courir	voir	venir	écrire
Je /j'					
Tu					
Il					
Nous					
Vous					
Ils					

2. Ecris ces verbes au passé simple.

Je (partir) ______________ faire les courses avec mes parents.

Nous (prendre) ______________ un caddie et nous le (remplir)

______________ . Puis après avoir payé, maman (sortir) ______________

en premier et papa (mettre) ______________ les achats dans le coffre.

JE RÉVISE - ORTHOGRAPHE

01 *Le féminin et le pluriel des adjectifs qualificatifs*

Accorde ces adjectifs correctement.

Il est heureux : elle est ______________________________

Il est mou : elles sont ______________________________

Il est stupide : elles sont ______________________________

Il est loyal : ils sont ______________________________

Il est neuf : elles sont ______________________________

Il est secret : elle est ______________________________

Il est beau : elles sont ______________________________

02 *Le pluriel des noms*

Mets ces mots au pluriel.

singulier	pluriel
Un aveu	
Un morceau	
Un pneu	
Un chandail	
Un landau	
Un jeu	

singulier	pluriel
Un gâteau	
Un détail	
Un travail	
Un émeu	
Un feu	
Un corail	

03 *Des homonymes grammaticaux*

Complète avec : mes, mais, ou, où, son, sont, est, et

_______ amis ________ partis _______ l'un d'eux, Antoine, a oublié ________ sac à dos.

__________ ______ ________ -il donc ? Dans _________ placard ________ dans la

voiture ? C'_________ très embêtant car on ne sait vraiment pas ________ il ________ ?

Il ne s' ________ quand même pas envolé ?

04 Infinitif en -er ou participe passé en -é.

Complète avec –é ou –er.

Demain Léo va all_____ au marché avec sa maman, achet_____ les ingrédients pour confectionn_____ un gâteau. L'autre jour ils ont réalis_____ un bon repas ensemble. Il a beaucoup aim_____ cuisin_____ avec elle. Il est press_____ de recommenc_____. Alors cette fois, ils vont prépar_____ un moelleux au chocolat.

05 Les accords dans le groupe nominal

Indique le genre (féminin, masculin) et nombre (singulier, pluriel) de ces groupes nominaux.

Un tapis poussiéreux : ____________________ ____________________

Des immenses tables : ____________________ ____________________

Des livres intéressants : ____________________ ____________________

Une famille recomposée : ____________________ ____________________

Accorde ces adjectifs comme il convient.

* En juillet, il y a des (beau) ________________ journées et soirées (tempéré) ____________________ .

* Ces livres et cahiers (rouge) ________________ sont sur ma table (rangé) ________________ .

* Ta robe (vert) ____________ et tes chaussures (assorti) ____________________ te vont très bien.

06 Les adverbes en -ment

Ecris les adverbes provenant des adjectifs suivants.

violent : __________________________ gentil : __________________________

méchant : __________________________ savant : __________________________

joyeux : __________________________ tendre : __________________________

patient : __________________________ doux : __________________________

JE RÉVISE - VOCABULAIRE

V1 Les synonymes

1. Barre l'intrus de chaque série.

a) Fournir – donner – prescrire – emmener

b) Superbe – magnifique – extravagant - splendide

c) Manger – déguster - prendre – dévorer

2. Ecris 3 synonymes pour chaque mot. Tu peux t'aider du dictionnaire.

Parler ______________________________

Heureux ______________________________

Laid ______________________________

Un livre ______________________________

V2 Les contraires

Entoure les contraires (il peut y en avoir plusieurs).

Gentil : sympathique – méchant – adorable – mauvais – agréable

Neuf : vieux – récent – ancien – frais – jeune

Débuter : commencer – finir – terminer – ajourner – démarrer

Le calme : l'agitation – la tranquillité – l'excitation – la zénitude – la paix

V3 La construction des mots

Ecris pour chaque mot, le nom de la partie soulignée : préfixe, suffixe ou radical

impossible : ____________________ recommencer : ____________________

découdre : ____________________ chauffage : ____________________

déchirure : ____________________ parapluie : ____________________

extraterrestre : ____________________ sportif : ____________________

V4 Les préfixes

Ajoute un préfixe différent à chaque mot pour en former un autre.
Utilise une seule fois : re- , sur-, pré-, dé-, ir-, in-, tri-, trans-

faire : ______________________________ réparable : ______________________________

boucher : ______________________________ dire : ______________________________

prendre : ______________________________ compétent : ______________________________

angle : ______________________________ porter : ______________________________

V5 Les suffixes

Trouve deux mots de la même famille que celui donné en suivant les indications en ajoutant un suffixe.

grand	verbe :	Nom : la
dent	Nom : un	Nom : un
dos	Nom : un	Nom : un
juste	Nom : la	Adverbe :
lent	Nom : la	Adverbe :
tard	Verbe :	Adjectif :

V6 Les niveaux de langage

Indique pour chaque mot son niveau de langage : familier, soutenu, courant. Donne ensuite un synonyme dans un autre niveau et indique lequel.

Mot donné	niveau	synonyme	niveau
Le travail			
vociférer			
Le fric			
harassant			
Un mec			

Chapitre 5

OUTILS

SOMMAIRE

LISTES DE MOTS ET EXPRESSIONS INVARIABLES

Colorie le petit rond en vert si tu as bien écrit le mot et en rouge dans le cas contraire.

1
- afin de, que ○
- ailleurs ○
- ainsi ○
- alors ○
- après ○
- assez ○
- à bientôt ○
- à côté ○
- à l'aide ○
- à part ○

2
- à travers ○
- au cas où ○
- au-dessous ○
- au-dessus ○
- au lieu de ○
- au revoir ○
- au secours ○
- aujourd'hui ○
- auparavant ○
- auprès ○

3
- aussi ○
- aussitôt ○
- autant ○
- autour ○
- autrefois ○
- autrement ○
- avant ○
- avec ○
- beaucoup ○
- bien ○

4
- bien sûr ○
- bientôt ○
- car ○
- Ça va ○
- ceci ○
- cela (ça) ○
- cependant ○
- certes ○
- c'est-à-dire ○
- chaque ○

5
- chez ○
- combien ○
- comme ○
- comment ○
- d'abord ○
- d'accord ○
- dans ○
- davantage ○
- dedans ○
- debout ○

6
- dehors ○
- déjà ○
- demain ○
- de nouveau ○
- depuis ○
- derrière ○
- dès lors ○
- dès que ○
- désormais ○
- dessous ○

7
- dessus ○
- devant ○
- donc ○
- dont ○
- dorénavant ○
- durant ○
- d'un coup ○
- encore ○
- en effet ○
- enfin ○

8
- ensuite ○
- entre ○
- en train de ○
- envers ○
- environ ○
- est-ce que ○
- exprès ○
- fois ○
- guère ○
- hélas ○

9
- hier ○
- hormis ○
- hors (de) ○
- il y a ○
- ici ○
- jadis ○
- jamais ○
- jusque ○
- jusqu'à ○
- là / là-bas ○

10
- loin ○
- longtemps ○
- lors de ○
- lorsque ○
- maintenant ○
- mais ○
- malgré ○
- mieux ○
- moindre ○
- moins ○

11
- naguère ○
- néanmoins ○
- nonobstant ○
- parce que ○
- par-dessous ○
- par-dessus ○
- par exemple ○
- parfois ○
- parmi ○
- partout ○

12
- pendant ○
- personne ○
- peu ○
- peut-être ○
- plus ○
- plusieurs ○
- plutôt ○
- pour ○
- pourquoi ○
- pourtant ○

13
- près ○
- presque ○
- puis ○
- quand ○
- quand même ○
- que, qui, quoi ○
- quelquefois ○
- qu'est-ce qui ○
- quoique ○
- salut ○

14
- sans ○
- sauf ○
- selon ○
- seulement ○
- s'il te plaît ○
- sinon ○
- sitôt ○
- soudain ○
- sous ○
- souvent ○

15
- surtout ○
- tant mieux ○
- tantôt ○
- tant pis ○
- tard ○
- tôt ○
- toujours ○
- tout à coup ○
- tout à fait ○
- tout à l'heure ○

16
- toutefois ○
- très ○
- trop ○
- vers ○
- voici ○
- voilà ○
- volontiers ○
- vraiment ○
- Youpi ○
- zut ○

LISTES DES VERBES FRÉQUENTS

Colorie le petit rond en vert si tu as bien écrit le mot et en rouge dans le cas contraire.

1		2		3		4	
Abandonner	○	Apparaître	○	Balancer	○	Cajoler	○
Aboyer	○	Appeler	○	(se) Baigner	○	Caresser	○
Absorber	○	Approcher	○	Bailler	○	Casser	○
Accélérer	○	Attraper	○	Baisser	○	Chahuter	○
Accepter	○	Arracher	○	Battre	○	Changer	○
Accompagner	○	Arrêter	○	Bégayer	○	Chatouiller	○
Accrocher	○	Arriver	○	Bouillir	○	Chauffer	○
Accuser	○	Arroser	○	Brancher	○	Commencer	○
Additionner	○	Asseoir	○	Briller	○	Communiquer	○
Allumer	○	Attaquer	○	Bronzer	○	Comprendre	○

5		6		7		8	
Compter	○	Décider	○	Effacer	○	Exciter	○
Concentrer	○	Déjeuner	○	Emmener	○	Excuser	○
Convaincre	○	Demander	○	Employer	○	Faillir	○
Corriger	○	Démarrer	○	Ennuyer	○	Faire	○
Craindre	○	Descendre	○	Enrhumer	○	Fonctionner	○
Craquer	○	Dessiner	○	Entraîner	○	Fouiller	○
Creuser	○	Détailler	○	Éteindre	○	Frapper	○
Cueillir	○	Développer	○	Essayer	○	Frissonner	○
Débarrasser	○	Disparaître	○	Essuyer	○	Frotter	○
(se) débrouiller	○	Échapper	○	Exagérer	○	Gâcher	○

9		10		11		12	
Gagner	○	Grincer	○	Illustrer	○	Laisser	○
Gaspiller	○	Grogner	○	Impressionner	○	Lutter	○
Glisser	○	Grossir	○	Indiquer	○	Marquer	○
Grandir	○	Guetter	○	Influencer	○	Mouiller	○
Gratter	○	Habiller	○	Inquiéter	○	Naître	○
Grelotter	○	Habiter	○	Installer	○	Nourrir	○
Grignoter	○	Haïr	○	Intéresser	○	Noyer	○
Griffer	○	Harceler	○	Interroger	○	Obliger	○
Griller	○	Hésiter	○	Interrompre	○	Observer	○
Grimper	○	Hurler	○	Jeter	○	Occuper	○

13		14		15		16	
Offrir	○	Plaisanter	○	Ralentir	○	Réconcilier	○
Pardonner	○	Pleurer	○	Ramasser	○	Reconnaître	○
Patienter	○	Plonger	○	Rappeler	○	Rédiger	○
Payer	○	Pourrir	○	Rapporter	○	Regretter	○
Peindre	○	Posséder	○	Rattraper	○	Remercier	○
Penser	○	Pousser	○	Rassurer	○	Remplacer	○
Permettre	○	Présenter	○	Réchauffer	○	Renseigner	○
Photographier	○	Promettre	○	Réciter	○	Respecter	○
Piquer	○	Raccourcir	○	Rejoindre	○	Ressembler	○
(se) plaindre	○	Rafraîchir	○	Recommander	○	Réveiller	○

17		18		19		20	
Saigner	○	Soupçonner	○	Tracer	○	(se) vanter	○
Sauter	○	Sourire	○	Trahir	○	Vaincre	○
Sembler	○	Suffoquer	○	Traîner	○	Veiller	○
Serrer	○	Suffire	○	Transmettre	○	Venger	○
Scintiller	○	Supporter	○	Transporter	○	Verrouiller	○
Siffler	○	Supprimer	○	Travailler	○	Vexer	○
Signaler	○	Sursauter	○	Traverser	○	Vieillir	○
Soigner	○	Surveiller	○	Trembler	○	Visionner	○
Souffler	○	(se) taire	○	Triompher	○	Vouvoyer	○
Souhaiter	○	Tomber	○	Tutoyer	○	Voyager	○

DICTÉES DE MOTS

Dictée n°1	1. .... 2. .... 3. .... 4. .... 5.	6. .... 7. .... 8. .... 9. .... 10. ....
Dictée n°2	1. .... 2. .... 3. .... 4. .... 5.	6. .... 7. .... 8. .... 9. .... 10. ....
Dictée n°3	1. .... 2. .... 3. .... 4. .... 5.	6. .... 7. .... 8. .... 9. .... 10. ....
Dictée n°4	1. .... 2. .... 3. .... 4. .... 5.	6. .... 7. .... 8. .... 9. .... 10. ....
Dictée n°5	1. .... 2. .... 3. .... 4. .... 5.	6. .... 7. .... 8. .... 9. .... 10. ....

DICTÉES DE MOTS

Dictée n°6		
	1.	6. ....
	2.	7. ....
	3.	8. ....
	4.	9. ....
	5.	10. ....

Dictée n°7		
	1.	6. ....
	2.	7. ....
	3.	8. ....
	4.	9. ....
	5.	10. ....

Dictée n°8		
	1.	6. ....
	2.	7. ....
	3.	8. ....
	4.	9. ....
	5.	10. ....

Dictée n°9		
	1.	6. ....
	2.	7. ....
	3.	8. ....
	4.	9. ....
	5.	10. ....

Dictée n°10		
	1.	6. ....
	2.	7. ....
	3.	8. ....
	4.	9. ....
	5.	10. ....

DICTÉES DE MOTS

Dictée n°11		
	1.	6. ....
	2.	7. ....
	3.	8. ....
	4.	9. ....
	5.	10. ....

Dictée n°12		
	1.	6. ....
	2.	7. ....
	3.	8. ....
	4.	9. ....
	5.	10. ....

Dictée n°13		
	1.	6. ....
	2.	7. ....
	3.	8. ....
	4.	9. ....
	5.	10. ....

Dictée n°14		
	1.	6. ....
	2.	7. ....
	3.	8. ....
	4.	9. ....
	5.	10. ....

Dictée n°15		
	1.	6. ....
	2.	7. ....
	3.	8. ....
	4.	9. ....
	5.	10. ....

DICTÉES DE MOTS

Dictée n°16		
	1.	6. ....
	2.	7. ....
	3.	8. ....
	4.	9. ....
	5.	10. ....

Dictée n°17		
	1.	6. ....
	2.	7. ....
	3.	8. ....
	4.	9. ....
	5.	10. ....

Dictée n°18		
	1.	6. ....
	2.	7. ....
	3.	8. ....
	4.	9. ....
	5.	10. ....

Dictée n°19		
	1.	6. ....
	2.	7. ....
	3.	8. ....
	4.	9. ....
	5.	10. ....

Dictée n°20		
	1.	6. ....
	2.	7. ....
	3.	8. ....
	4.	9. ....
	5.	10. ....

DICTÉES DE MOTS

Dictée n°21	1.	6. ....
	2.	7. ....
	3.	8. ....
	4.	9. ....
	5.	10. ....

Dictée n°22	1.	6. ....
	2.	7. ....
	3.	8. ....
	4.	9. ....
	5.	10. ....

Dictée n°23	1.	6. ....
	2.	7. ....
	3.	8. ....
	4.	9. ....
	5.	10. ....

Dictée n°24	1.	6. ....
	2.	7. ....
	3.	8. ....
	4.	9. ....
	5.	10. ....

Dictée n°25	1.	6. ....
	2.	7. ....
	3.	8. ....
	4.	9. ....
	5.	10. ....

DICTÉES DE MOTS

Dictée n°26		
	1.	6. ....
	2.	7. ....
	3.	8. ....
	4.	9. ....
	5.	10. ....

Dictée n°27		
	1.	6. ....
	2.	7. ....
	3.	8. ....
	4.	9. ....
	5.	10. ....

Dictée n°28		
	1.	6. ....
	2.	7. ....
	3.	8. ....
	4.	9. ....
	5.	10. ....

Dictée n°29		
	1.	6. ....
	2.	7. ....
	3.	8. ....
	4.	9. ....
	5.	10. ....

Dictée n°30		
	1.	6. ....
	2.	7. ....
	3.	8. ....
	4.	9. ....
	5.	10. ....

DICTÉES DE MOTS

Dictée n°31		
	1.	6. ....
	2.	7. ....
	3.	8. ....
	4.	9. ....
	5.	10. ....

Dictée n°32		
	1.	6. ....
	2.	7. ....
	3.	8. ....
	4.	9. ....
	5.	10. ....

Dictée n°33		
	1.	6. ....
	2.	7. ....
	3.	8. ....
	4.	9. ....
	5.	10. ....

Dictée n°34		
	1.	6. ....
	2.	7. ....
	3.	8. ....
	4.	9. ....
	5.	10. ....

Dictée n°35		
	1.	6. ....
	2.	7. ....
	3.	8. ....
	4.	9. ....
	5.	10. ....

NATURE ET FONCTIONS DES MOTS

La nature des mots	
Nom commun	chien, table, peur, facteur, fleur, courgette, papa, fille...
Déterminant	Articles : le, la, les, un, une, des, Possessifs : ses, son, sa, notre, votre, leur, Démonstratif : ce, cette, cet, ces Numéral : un, deux, trois... Indéfinis : chaque, quelques...
Groupe nominal	déterminant + nom commun
Nom propre	Majuscule : La France, Sophie, Nice, Médor, l'Europe, La Seine, Paris...
Pronom personnel	Sujet : je, tu, il, elle, on, nous, vous, ils, elles, Complément d'objet : lui, eux, moi, te, leur, les...
Adjectif	gentil, joli, jaune, drôle, heureux, petit, long, parfait, ridicule...
Verbe	jouer, dormir, être, boire, venir, faire, voir, prendre...
Adverbe	souvent, maintenant, jamais, hier, beaucoup, gentiment, lentement...
Préposition	à, de, par, pour, sans, avec, dans, chez, devant, sur, avant, après
Participe passé	mangé (en -é pour les verbes en -er), fini, sorti (en -i pour les verbes en -ir), vu, fait, pris, (-u, -t, -s pour les autres verbes), été : être , eu : avoir
Participe présent	sautant, jouant, obéissant, lisant... (ils se terminent par « ant »)
Conjonction	Coordination : mais, ou, et, donc, or, ni, car Subordination : comme, quand, lorsque...
Proposition relative	Elle complète un nom, elle commence par « qui, dont, où » et contient un verbe : *Le chien qui aboie est celui de ma tante.*

La fonction des mots	
Sujet	Il répond à la question : **qui est-ce qui ?** Il est devant le verbe le plus souvent mais il peut être aussi derrière. Ce peut-être un pronom personnel (*je, tu, il...*) un groupe nominal (*le chien*) ou un nom propre (*Paul*).
Complément de verbe	Il est obligatoire, il peut être direct ou indirect (introduit par une préposition) : COD : *qui ? quoi ?* COI, COS : *de qui ? de quoi ? sur qui ? sur quoi ? avec qui ? avec quoi ? à qui ? à quoi ? pour qui ? pour quoi ? sans qui ? sans quoi ?*
Complément de phrase ou circonstanciel	Le temps : *quand ?* — Le moyen : *avec quoi ? comment ?* La manière : *comment ?* — La cause : *Pourquoi ? A cause de quoi ?* Le lieu : *où ?* — Le but : *Pour quoi ? Dans quel but ?*
Epithète	C'est un adjectif ou un participe passé immédiatement collé au nom qu'il complète : *un chat noir – une voiture cassée*
Attribut du sujet	Il se trouve derrière un verbe d'état, il se rapporte au sujet. C'est un adjectif, un nom, un GN, un infinitif ou un participe passé : *Il est heureux.*
Complément du nom	C'est un GN, un nom commun ou un infinitif introduit par une préposition et qui complète un nom : *un bateau à voile, une corde à sauter...*
Complément de l'antécédent	C'est la fonction de la proposition relative.

TABLEAUX DE CONJUGAISON (1)

Le présent

	jouer	finir	être	avoir	aller	courir	prendre
Je/j'	joue	finis	suis	ai	vais	cours	prends
tu	joues	finis	es	as	vas	cours	prends
il, elle	joue	finit	est	a	va	court	prend
nous	jouons	finissons	sommes	avons	allons	courons	prenons
vous	jouez	finissez	êtes	avez	allez	courez	prenez
ils, elles	jouent	finissent	sont	ont	vont	courent	prennent

	mettre	faire	dire	voir	pouvoir	venir	savoir
Je/j'	mets	fais	dis	vois	peux	viens	sais
tu	mets	fais	dis	vois	peux	viens	sais
il, elle	met	fait	dit	voit	peut	vient	sait
nous	mettons	faisons	disons	voyons	pouvons	venons	savons
vous	mettez	faites	dites	voyez	pouvez	venez	savez
ils, elles	mettent	font	disent	voient	peuvent	viennent	savent

Le futur simple

	jouer	finir	être	avoir	aller	courir	prendre
Je/j'	jouerai	finirai	serai	aurai	irai	courrai	prendrai
tu	joueras	finiras	seras	auras	iras	courras	prendras
il, elle	jouera	finira	sera	aura	ira	courra	prendra
nous	jouerons	finirons	serons	aurons	irons	courrons	prendrons
vous	jouerez	finirez	serez	aurez	irez	courrez	prendrez
ils, elles	joueront	finiront	seront	auront	iront	courront	prendront

	mettre	faire	dire	voir	pouvoir	venir	savoir
Je/j'	mettrai	ferai	dirai	verrai	pourrai	viendrai	saurai
tu	mettras	feras	diras	verras	pourras	viendras	sauras
il, elle	mettra	fera	dira	verra	pourra	viendra	saura
nous	mettrons	ferons	dirons	verrons	pourrons	viendrons	saurons
vous	mettrez	ferez	direz	verrez	pourrez	viendrez	saurez
ils, elles	mettront	feront	diront	verront	pourront	viendront	sauront

TABLEAUX DE CONJUGAISON (2)

L'imparfait

	jouer	finir	être	avoir	aller	courir	prendre
Je/j'	jouais	finissais	étais	avais	allais	courais	prenais
tu	jouais	finissais	étais	avais	allais	courais	prenais
il, elle	jouait	finissait	était	avait	allait	courait	prenait
nous	jouions	finissions	étions	avions	allions	courions	prenions
vous	jouiez	finissiez	étiez	aviez	alliez	couriez	preniez
ils, elles	jouaient	finissaient	étaient	avaient	allaient	couraient	prenaient

	mettre	faire	dire	voir	pouvoir	venir	savoir
Je/j'	mettais	faisais	disais	voyais	pouvais	venais	savais
tu	mettais	faisais	disais	voyais	pouvais	venais	savais
il, elle	mettait	faisait	disait	voyait	pouvait	venait	savait
nous	mettions	faisions	disions	voyions	pouvions	venions	savions
vous	mettiez	faisiez	disiez	voyiez	pouviez	veniez	saviez
ils, elles	mettaient	faisaient	disaient	voyaient	pouvaient	venaient	savaient

Le passé composé

	jouer	finir	être	avoir	aller
Je/j'	ai joué	ai fini	ai été	ai eu	suis allé(e)
tu	as joué	as fini	as été	as eu	es allé(e)
il, elle	a joué	a fini	a été	a eu	est allé(e)
nous	avons joué	avons fini	avons été	avons eu	sommes allé(e)s
vous	avez joué	avez fini	avez été	avez eu	êtes allé(s)
ils, elles	ont joué	ont fini	ont été	ont eu	sont allé(e)s

	mettre	faire	dire	voir	venir
Je/j'	ai mis	ai fait	ai dit	ai vu	suis venu(e)
tu	as mis	as fait	as dit	as vu	es venu(e)
il, elle	a mis	a fait	a dit	a vu	est venu(e)
nous	avons mis	avons fait	avons dit	avons vu	sommes venu(e)s
vous	avez mis	avez fait	avez dit	avez vu	êtes venu(e)s
ils, elles	ont mis	ont fait	ont dit	ont vu	sont venu(e)s

TABLEAUX DE CONJUGAISON (3)

Le passé simple

	jouer	finir	être	avoir	aller	courir	prendre
Je/j'	jouai	finis	fus	eus	allai	courus	pris
tu	jouas	finit	fut	eus	allas	courus	pris
il, elle	joua	finit	fut	eut	alla	courut	prit
nous	jouâmes	finîmes	fûmes	eûmes	allâmes	courûmes	prîmes
vous	jouâtes	finîtes	fûtes	eûtes	allâtes	courûtes	prîtes
ils, elles	jouèrent	finirent	furent	eurent	allèrent	coururent	prirent

	mettre	faire	dire	voir	pouvoir	venir	savoir
Je/j'	mis	fis	dis	vis	pus	vins	sus
tu	mis	fis	dis	vis	pus	vins	sus
il, elle	mit	fit	dit	vit	put	vint	sut
nous	mîmes	fîmes	dîmes	vîmes	pûmes	vînmes	sûmes
vous	mîtes	fîtes	dîtes	vîtes	pûtes	vîntes	sûtes
ils, elles	mirent	firent	dirent	virent	purent	virent	surent

Le conditionnel

	jouer	finir	être	avoir	aller
Je/j'	jouerais	finirais	serais	aurais	irais
tu	jouerais	finirais	serais	aurais	irais
il, elle	jouerait	finirait	serait	aurait	irait
nous	jouerions	finirions	serions	aurions	irions
vous	joueriez	finiriez	seriez	auriez	iriez
ils, elles	joueraient	finiraient	seraient	auraient	iraient

	mettre	faire	dire	voir	venir
Je/j'	mettrais	ferais	dirais	verrais	viendrais
tu	mettrais	ferais	dirais	verrais	viendrais
il, elle	mettrait	ferait	dirait	verrait	viendrait
nous	mettrions	ferions	dirions	verrions	viendrions
vous	mettriez	feriez	diriez	verriez	viendriez
ils, elles	mettraient	feraient	diraient	verraient	viendraient

L'ORTHOGRAPHE RECTIFIÉE

Depuis 2008, certaines règles d'orthographe ont été rectifiées.
Voici les nouvelles règles à connaître.

L'accent circonflexe :

Il est supprimé sur « i » et « u » : ile, boite, paraitre (apparaitre et les verbes en -aitre), maitre (et dérivés), bruler (et dérivés), une flute (et dérivés), piqure...

Sauf :
- Quand il permet d'éviter des confusions : dû (mais dus, due, dues) / du, sûr (mais sureté) / sur, mûr / mur, je croîs (et sa conjugaison ambigüe) / je crois, jeûne (mais déjeuner) / jeune
- Dans les terminaisons de conjugaisons : passé simple (nous finîmes, vous percûtes) et d'autres temps.

Simplification des consonnes doubles

Les verbes en -eler et -eter et leurs dérivés en **-ement** s'écrivent, quand c'est nécessaire, avec un accent grave et une consonne simple, comme geler / je gèle ou acheter / j'achète (Ex : on nivèle, il ruissèlera, le ruissèlement, il cliquète)
Sauf pour les verbes très fréquents : appeler et jeter (ils appellent, vous appellerez ; tu jettes, il jetterait)

Les mots étrangers

Les mots étrangers forment leur pluriel de la même manière que les mots français et sont accentués conformément aux règles qui s'appliquent aux mots français :
On écrivait : des matches. → On écrit : des matchs

Le trait d'union

1) Les nombres : ils sont systématiquement reliés par des traits d'union :
trente et un : trente-et-un * cinq cents : cinq-cents

2) Le trait d'union disparait et s'écrit en un seul mot, pour les mots suivants :

a) Les mots commençant par « contre » et « entre » : contreplaqué, contrejour, entredeux. Attention : contrattaque, entrouvrir (sans e).

b) Les composés de « extra », « infra », « intra », « ultra » (extraterrestre, intraoculaire, ultraviolet...)

c) Dans les mots étrangers devenus courants (baseball, cowboy, statuquo...)

d) Les mots composés suivants : portemonnaie et porteclé, portefeuille, hautparleur, plateforme, tirebouchon, fairepart, entête, rondpoint, sagefemme...

Printed in Poland
by Amazon Fulfillment
Poland Sp. z o.o., Wrocław

24207446R00060